감정의 안쪽

Inside of the Emotion

감정의
안쪽

영화로 읽는 우리 마음의 작동 원리

김태형 지음

갈매나무

감정은 거짓말을 하지 않는다

현재 영화만큼 사람들의 일상에 깊이 파고들면서 지대한 영향을 미치는 예술분야는 별로 없어 보인다. 우리나라만 하더라도 많은 이들이 새로 제작되거나 개봉하는 영화에 큰 관심을 보이며, 시간을 내 영화를 보러 극장에 가고 다양한 루트를 통해 집에서까지 영화를 즐기고 있으니 말이다. 그러다 보니 대중의 삶과 정신문화에 미치는 영화의 영향력은 점점 더 커져가고 있다. 사람들은 영화를 공유함으로써 동시대인들과 교류하고 공감대나 여론을 만들어가기도 하고, 영화에 의해 자기도 모르는 사이에 가치관과 사고방식의 변화를 경험하기도 한다. 얼마 전 한국사회를 뜨겁게 달구었던 〈도가니〉 같은 영화가 전자를 대표한다면, 미국의 가치관과 문화를 전 세계에 확산시킨 할리우드 영화들이 후자에 속한다고 말할 수 있을 것이다.

사람들의 삶과 정신문화에서 영화가 차지하는 비중이 이렇게 커짐에 따라 영화에 대한 각종 해설이나 비평 작업 역시 활발해지고 있다. 최근에는 심리학을 통해 영화를 들여다보거나 영화를 심리학적으로 분석하려는 시도도 어렵지 않게 찾아볼 수 있다. 영화를 심리학적으로 비평하거나 분석하는 작업이 최근 들어 눈에 띄는 까닭은 무엇보다 대중에게 다소 생소하거나 난해한 심리학 이론에 기반해 제작되는 영화들이 점점 더 많아지고 있다는 사정과도 관련이 있지 않을까?

예컨대 〈이퀼리브리엄〉은 감정에 관한 심리학 이론, 〈메멘토〉는 기억에 관한 심리학 이론에 각각 기초해 만들어졌으며, 〈인셉션〉은 무의식과 꿈에 관한 심리학 이론을 본격적으로 응용하고 있는 영화이다. 또한 〈박하사탕〉은 외상후스트레스장애PTSD, 〈뷰티풀 마인드〉는 정신분열증, 〈파이트클럽〉은 다중인격장애, 〈추격자〉는 '사이코패스' 라는 정신장애를 각각 영화의 주요한 소재로 활용하고 있다. 〈굿 윌 헌팅〉 역시 심리상담과 마음의 치유를 주요 내용으로 다루고 있는 본격적인 심리영화라고 할 수 있다. 그러므로 심리학 이론에 기반을 두고 있는 이런 영화들에 대한 심리분석은 그 영화가 기초하고 있는 심리학 이론을 명확히 밝혀줌으로써 영화의 내용을 올바르게 이해할 수 있게 해주고, 심리학적 지식을 습득할 수 있도록 도와줄 수 있을 것이다.

영화에 대한 심리분석의 또 다른 의의는 영화에 등장하는 인물들의 심층적인 심리, 특히 '감정' 을 집중적으로 파고드는 데 있다.

'감정은 거짓말을 하지 않는다' 라는 말이 있다. 사람이 말이나 행동은 어렵지 않게 위장할 수 있어도 감정을 위장하기란 무척이나 힘들다는 뜻이다. 예를 들어 어떤 사람이 직장상사나 고객에게 심한 불쾌감을 느끼더라도 상대방을 칭찬하는 말을 하거나 애써 웃음을 지을 수 있을 것이다. 하지만 목소리의 떨림, 얼굴 근육의 움직임, 미세한 몸짓 등을 통해서는 그 불쾌감이 어떻게든 드러나기 마련이다. 속마음을 심히 왜곡시켜 보여주는 것이 꿈이라고 주장했던 프로이트조차 꿈속에서 느끼는 감정만큼은 진실에 가깝다고 말했던 것은 바로 이 때문이다.

이렇게 감정은 그것을 체험하는 사람의 속마음을 가장 솔직하고 정확하게 대변하므로 누군가의 감정을 알게 되면 그 사람의 속마음을 들여다볼 수 있게 된다. 감정은 사람의 의식적, 무의식적 동기나 생각을 가감 없이 드러내줄 뿐만 아니라 그 사람의 행동과 삶을 가장 정확하게 해석하고 예언하게 해주기 때문이다. 예컨대 우리는 〈엑스페리먼트〉의 주인공이 아버지에 대하여 뿌리 깊은 증오심을 갖고 있다는 사실을 통해 그가 간수들에게 반항적이고 적대적인 행동을 하리라는 것을 어렵지 않게 예측할 수 있다. 또 〈미녀는 괴로워〉의 주인공이 심한 자기혐오감에 사로잡혀 있다는 사실을 통해서는 그녀가 전신 성형수술을 하고 나서도 쉽게 자신감을 회복하거나 행복해지지 못하리라 짐작할 수 있으며, 〈헬프〉에 등장하는 미국사회 주류 백인들의 죄의식을 들여다보면서는 그들이 그로 인해 흑인을 증오하고 차별하는 인종차별주의자가 되리라 예상할 수도 있다.

누구에게나 '내 인생의 영화'라는 게 있다. 나는 젊은 시절에 몇 번을 반복해서 보았을 정도로 〈라스트 모히칸〉이라는 영화에 푹 빠져들었던 적이 있다. 이렇게 어떤 영화에 깊이 심취하거나 매료되었다는 것은 그 영화가 나의 무의식을 강하게 자극하기 때문이었을 텐데, 그 당시에는 〈라스트 모히칸〉이 내 마음의 어느 부분을 건드리는지 알지 못했다. 시간이 많이 지난 후에야 〈라스트 모히칸〉의 스토리가 그 영화를 보았을 당시 내가 처해 있던 환경과 유사한 맥락이 있었고, 영화 속 남녀 주인공이 나누는 사랑이 아름다운 남녀 관계에 대한 나의 소망 혹은 환상을 강하게 대변하고 있었다는 사실을 알게 되었다.

만일 젊은 시절의 내가 〈라스트 모히칸〉을 심리학적으로 정확히 분석할 수 있었다면 내 무의식을 더 잘 이해하게 되었을지 모른다. 그리하여 어쩌면 나의 삶을 더 빨리 더 좋은 방향으로 개선할 수 있었을지도 모르겠다. 이 책에 등장하는 20편의 영화에 대한 심리분석을 통해 독자들이 꼭 얻게 되기를 바라는 것도 바로 이 지점에 있다. 여기에 등장하는 영화들 중 '내 인생의 영화'가 포함되어 있다면 금상첨화겠지만, 설사 그렇지 않더라도 다양한 영화에 대한 심리분석이 자기 마음의 안쪽으로 좀 더 가까이 접근하게 하는 계기가 되었으면 좋겠다.

원고를 쓰면서 나는 영화의 스토리와 영화 안에서 살아 숨 쉬고 있는 등장인물들에 대한 심리분석을 통해 인간 감정의 면면들을 최대한 생생하게 보여주려 했다. 그것이 독자들로 하여금 자기의 감정을 객관적으로 볼 수 있게 해주고, 아픈 감정들을 치유할 수 있는 작은 단초가 되어준다면 더 바랄 것이 없겠다. 아무쪼록 이 책이 시도한 20편의 영화에 대한 심리분석이 지금껏 들추어보지 못했던 마음의 안쪽을 만나보는 자기 치유의 시간이 되길 바란다.

2012년 6월
심리학자 김태형

Part 1　감정의 안쪽

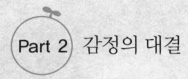

Part 2 감정의 대결

Part 4 감정의 치유

Part 1

감정의
안쪽

심리적 게임psychological game이란 타인과의 관계 속에서 자기의 욕구를 충족시키기 위해 습성화된 책략을 사용하는 무의식적이고 반복적인 게임 혹은 놀이를 말한다. 이를 '게임' 혹은 '놀이'라고 하는 것은 마치 어린아이들이 욕구충족을 위해 장난을 하는 것처럼, 그것이 심리적 게임의 당사자가 가진 무의식적 욕구를 충족시켜주는 역할을 하기 때문이다.

 감정

감정이 없는 사람이 있을까?

이퀄리브리엄(Equilibrium, 2002)

:: 감정을 탄압하는 세상

서양인들은 전통적으로 사람을 '이성 대 비非이성'이라는 틀로 바라보는 경향이 있다. 이런 관점에 의하면 사람은 동물적인 동기와 감정인 '비이성'과 합리적 사고능력인 '이성'을 모두 가지고 있다 할 것이다. 물론 그중에서 사람을 사람답게 만들어주는 것은 이성이다. 서구의 지성인들은 사람이 이성을 가지고 있어야 비로소 사람다워진다고 생각했기에 이성을 높게 평가하는 반면, 비이성으로 분류되는 동기나 감정은 낮게 평가해왔다. 영화 〈이퀄리브리엄〉(2002)의 배경이 되는 미래 사회에 사는 서양인들 역시 이런 전통적인 견해를 충실히 답습하고 있다.

지구상에 살고 있던 인류 대부분을 절멸시킨 제3차 세계대전에서

겨우 살아남은 영화 속 21세기 미래 사회의 인류는 '또다시 전쟁이 발발하면 인류가 멸종할 것'이라는 깨달음을 얻었다. 이것은 전혀 문제가 없는 현명한 통찰이다. 그러나 동시에 그들은 인류가 전쟁을 일으킨 원인이 인간의 폭력적 본성 혹은 감정에 있다고 오판했다. '리브리아'라는 미래 사회의 독재자는 사람들을 향해 다음과 같이 반복적으로 말한다.

> "모든 불행의 시작은 인간의 감정에 있습니다. 증오심을 느끼는 것도, 화를 내는 것도, 분노를 느끼는 것도, 심지어 전쟁을 일삼는 것까지도! 인간의 감정은 곧 불행의 씨앗입니다."

리브리아 독재자의 말처럼 감정이 없는 컴퓨터나 로봇은 증오심이나 분노를 느끼지 않으며, 화를 내지도 전쟁을 일으키지도 않는다. 아마도 그는 이런 단순한 사실에 매몰되어 감정을 없애버리면 폭력이나 전쟁이 사라질 것이라 믿게 되었던 것 같다. 그는 주로 두 가지 방법을 이용하여 사람들에게서 감정을 박탈하려 했다. 하나는 리브리아의 모든 사람들에게 감정을 통제하고 억제하는 '프로지움'이라는 약을 강제적으로 복용하게 하는 것이다. 다른 하나는 감정을 자극하거나 유발할 우려가 있는 예술작품이나 물품의 소유를 금지하고, 나아가 그것들을 찾아내어 없애버리는 것이었다. 리브리아 정부는 그림, 시집, 음악이 들어 있는 디스크, 미적인 디자인의 물품 등을 모조리 압수해 소각해버린다. 영화에서는 명화 〈모나리자〉 진품을 불태워버리는 장면까지 등장한다. 이런 식으로 감정을 탄압하면서 리브리아의 독재자는 다음과 같이 선언한다.

"기뻐하십시오. 우리의 가슴 속엔 평화만이 남게 되었습니다. 이제 전쟁은 우리에게 잊혀진 단어에 불과합니다. 드디어 우리는 완전해졌습니다."

:: 사람을 사람답게 하는 것

영화 〈이퀼리브리엄〉의 주인공 프레스턴은 리브리아를 수호하는 최정예 부대인 '그라마톤 클레릭'의 요원이다. 그라마톤 클레릭의 임무는 인류에게 위해를 가하는 집단으로 낙인찍힌, 다시 말해 감정을 느끼는 자들을 찾아내어 완전히 말살하는 것이다. 이를 위해 클레릭은 무협지에 비유하자면 무림의 절대고수처럼 사방에서 쏟아지는 총알을 자유자재로 피할 수 있는 '건 카타'라는 기술을 익히고 있었다.

그런데 최고의 클레릭으로 인정받고 있던 주인공 프레스턴에게는 아픈 과거가 있었다. 그의 아내가 4년 전 감정을 자극한 반역죄인 '감정 유발죄'를 저질러 화형에 처해진 것이다. 그러나 그 당시 감정 억제제를 성실하게 복용하고 있었던 프레스턴은 아내의 죽음에 대해 슬픔이나 상실감 같은 감정을 느끼지 못했다.(정확하게 말하자면 감정을 억압했다고 해야 옳다.) 아내가 비참하게 죽임을 당했음에도

그는 오히려 더 맹렬하게 감정을 느끼는 자들을 죽이기 위해서 활동
했다. 그러던 어느 날 프레스턴은 자기의 가장 친한 동료 패트리지
가 반란군에게서 압수한 예이츠의 시집을 살짝 빼돌렸다는 사실을
알게 된다. 친구의 뒤를 미행한 그는 시집에 심취해 있는 패트리지
에게 총을 겨누면서 "미안하다"라고 말한다. 그러자 패트리지는 웃
으면서 이렇게 대답한다.

"아니, 됐어. 자넨 그 의미를 모를 테니까. 흔적만 남은 단어일 뿐이
지. 자넨 결코 느껴보지 못하는 감정 말이야. 아직도 모르겠나? 모든
게 사라졌어. 우리를 우리답게 해주는 모든 게 사라졌지."

비록 프레스턴은 친구에게 "대신 전쟁이 없지 않은가. 살인도 없
고"라고 항변했지만, 패트리지를 죽인 다음부터 그에게는 서서히
변화가 나타나기 시작한다. 어느 날 프레스턴은 세수를 하다 실수로

감정 억제제 약병을 깨뜨린다. 그는 다시 약을 받기 위해 이퀼리브리엄으로 갔으나 마침 반군의 테러로 인해 약을 받지 못하게 된다. 그리고 그날, 즉 감정 억제제를 복용하지 못해 감정을 느낄 수 있게 된 바로 그 시점부터 프레스턴은 과거와는 완전히 다른 세상을 경험하게 된다.

그러던 어느 날 새벽, 그는 친구가 화형을 당하는 꿈을 꾸다가 고통스러운 감정에 복받쳐 깨어나고, 때마침 창밖으로 장엄하게 펼쳐지는 일출 장면을 넋을 잃고 바라보게 된다. 그 순간, 알 수 없는 두려움에 휩싸인 프레스턴은 감정 억제제를 다시 복용하려다 고민 끝에 포기한다. 이미 맛보기 시작한 감정을 도저히 포기할 수가 없었기 때문이다.

이렇게 남몰래 감정을 느끼면서 살아가고 있던 그는 어느 날 새로운 국면을 맞이하게 된다. 반군 거점을 토벌하고 난 후 그곳 지하에 있던 비밀스러운 방에 혼자 들어가 이런저런 물건들을 살펴보다, 우연히 축음기(오디오)를 켜게 된 것이다. LP판이 돌아가면서 베토벤의 '교향곡 제9번'이 울려 퍼지기 시작하자, 프레스턴은 자기도 모르게 손에 들고 있던 물건을 떨어뜨리고는 의자에 철퍼덕 주저앉아 하염없이 눈물을 흘린다. 이렇게 하여 그는 두 번 다시는 되돌아올 수 없는, 또 되돌아와서는 안 되는 경계선을 넘는다.

감정을 온전히 느낄 수 있게 된 프레스턴은 이제 세상이 잘못되었다는 것을 분명히 깨닫게 된다. 그는 감정을 느끼는 사람들을 학살하라고 명령하는 독재자에게 이렇게 항의한다.

"법적 절차가 없다면 무차별 폭력에 불과합니다. 우리가 그토록 힘
들여 없애려고 하는 폭력 말입니다."

그가 비판한 것처럼 감정이 없는 세상에서도 폭력과 불행은 여전
히 없어지지 않았다. 오히려 사람만이 불구가 되어버렸을 뿐이다.
도대체 무엇이 잘못된 것일까?

：： 숨 쉬는 것만큼이나 중요한 것

리브리아의 독재자는 사람에게 감정은 필요 없고 오직 지식만 있으
면 된다며 다음과 같이 강변한다.

"감정을 배제한 철저한 일체감과 동질감만이 이 위대한 조직 속의
모든 구성원에게 평등한 삶을 보장해줄 것입니다."

그러나 이 말이 잘못되었다는 것은 그 안에 포함된 자기모순만 보
더라도 쉽게 알 수 있다. 이를테면 리브리아의 독재자는 감정을 배
제한 '일체감'과 '동질감'이 평등한 삶을 보장해줄 수 있다고 말하
고 있는데, 일체감과 동질감은 사실 지식이 아닌 감정이다. 따라서
그는 '감정을 배제한 감정'이 필요하다는 터무니없는 궤변을 늘어
놓고 있는 셈이다. 자, 그렇다면 '감정'이란 무엇인가? 여기서 이

광범위하고 복잡한 개념을 다 다룰 수는 없으니 감정의 '기능적'인 측면에 초점을 맞춰 세 가지만 언급해보자.

첫째, 감정은 사람의 활동을 뒷받침한다. 예를 들어 사람은 독사를 보면 두려움이나 불쾌한 감정을 느끼고 그것을 피하려 하는데, 만일 그런 감정을 느끼지 못하면 독사와 악수를 하려다 사망할 수도 있다. 어떤 이들은 독사가 위험하다는 지식만 있어도 독사를 피하게 되지 않겠느냐고 생각할지 모르지만, 지식만으로는 독사에 대한 정상적인 회피반응이 나올 수 없다.

실제로 감정을 느낄 수 있어야만 정상적인 접근반응이나 회피반응이 가능하다는 것은 뇌 손상으로 감정능력을 상실한 환자들에 대한 연구들을 통해서도 명백하게 알 수 있다. 감정능력을 상실한 환자들은 아침에 밥을 먹을지 빵을 먹을지를 결정하는 사소한 일조차 힘들어한다. 어떤 이들은 사람이 이런저런 이치를 따져서 아침에 밥을 먹을지 빵을 먹을지를 결정한다고 생각할지 모르지만, 어떤 사람이 빵을 먹겠다는 결정을 내리는 것은 최소한 그 순간만큼은 밥보다는 빵에 대해 더 좋은 감정을 느껴서이다. 다시 말해 사람이 밥이나 빵에 대해 어떠한 감정도 느끼지 못한다면 무엇을 먹을지 결정을 내릴 수가 없다는 것이다. 감정능력이 손상된 환자들은 이렇게 사소한 결정조차 하지 못하게 되면서 살아가는 데 커다란 어려움을 겪는다. 이렇게 감정은 사람의 활동과 삶을 뒷받침하는 중요한 역할을 하므로 감정이 없으면 정상적인 활동을 할 수 없다. 심지어는 생명을 유지하기조차 힘들어질 수 있다.

그런데 이쯤에서 감정이 어떤 결정을 내리거나 특정한 사고와 행동을 선택하는 데 꼭 필요한 것이라면 '감정이 없는 리브리아 사람들은 어떻게 삶을 유지할 수 있었을까?'라는 의문이 들 수 있다. 이 의문에 대해서는 다음과 같은 다소 억지스러운 대답이 가능할 것 같다. 그들은 단지 리브리아의 독재자가 시키는 대로, 활동 매뉴얼대로 살아가는 것뿐이었다고. 하지만 이런 대답은 또 다른 의문을 낳는다. '만일 리브리아 사람들이 모두 위에서 시키는 대로 행동하는 인형일 뿐이라면 똑같이 감정이 없는 리브리아의 지도자는 어떻게 해서 그들을 조종할 수 있었던 것일까?

만일 리브리아의 지도자가 백성들처럼 감정을 느낄 수 없는 사람이었다면, 그는 무수히 많은 결정을 내려야만 하는 지도자의 역할을 감당할 수가 없었을 것이다. 감정을 느낄 수가 없다면 빵을 먹을지 밥을 먹을지를 결정할 수 없는 것처럼, 이 정책이 옳은지 저 정책이 옳은지도 결정할 수 없을 테니까. 사실 이런 딜레마를 해결하기 위한 유일한 방법은 리브리아의 지도자가 프로지움을 복용하지 않는 것뿐인데, 실제로 영화 속에 등장하는 리브리아의 지도자는 약을 복용하지 않는 정상적인 인간이다. 그는 프로지움을 복용하면 사람이 제 구실을 하지 못하게 된다는 것을 잘 알고 있으면서도 백성들에게는 감정이 필요 없다고 외쳐대는 위선자였던 것이다. 이런 점에서 리브리아는 이상사회와 거리가 멀다. 그저 자기 혼자서만 감정을 독차지하고 만끽하고 있는 독재자가 나머지 모든 사람들을 정신적 불구자로 만들어놓고, 자기 마음대로 조종하는 독재사회일 뿐이다.

감정에 대한 두 번째 정의는 그것이 관계를 가능하게 해준다는 것이다. 사랑, 연민, 죄책감 등의 감정을 느낄 수 없는 사람은 타인과 정상적인 관계를 맺을 수 없다. 그러므로 프레스턴이 패트리지를 가장 친한 친구로 여기면서 좋아할 수 있었던 것, 패트리지를 죽여야 했을 때 괴로워했던 것은 그에게 감정이 있었기에 가능한 일이라고 봐야 한다. 만일 그가 감정을 전혀 느끼지 못하는 사람이었다면 친한 친구가 있을 수 없고, 패트리지를 죽여야만 했을 때 머뭇거리지도 않았을 것이다. 이를 통해 우리는 리브리아 사람들이 강제로 복용하고 있었던 약, 즉 감정을 통제하고 억제하는 프로지움이라는 약이 감정을 완전히 제거하지 못한다는 사실을 확인할 수 있다.

　사실 프로지움이 감정을 완전히 제거할 수 있었다면, 감정을 자극하거나 유발할 수 있는 예술작품이나 물건들을 굳이 소각할 필요도 없었을 것이다. 또한 프레스턴과 패트리지가 친한 친구 사이가 될 수도 없었을 것이다. 결국 프로지움은 감정능력을 완전히 제거하는 게 아니라 감정을 강하게 억제하는 약일 것으로 추정되는데, 그런 약을 복용하는 것의 결과는 '사이코패스'가 되는 것밖에 없다.

　사이코패스는 지적인 능력은 정상이지만 감정능력이 크게 손상된 인격 장애자다. 그들은 감정능력이 손상된 탓에 공감능력이 턱없이 부족하고 양심 역시 불구가 되어 타인과 정상적인 대인관계를 맺지 못한다. 악행과 범죄에도 매우 능숙하다. 한마디로 사이코패스는 지독한 이기주의자이며 타인들을 가혹하게 착취하고 학대하고 이용하는 냉혈한이다. 그러므로 사람들에게 감정능력을 억제하는 약을 강제로 복용시키는 세상은 영화가 묘사하고 있는 것과는 달리 모든 사람이 사이코패스로 변해버린 세상, 그리하여 폭력과 범죄가 난무하는 지옥 같은 세상일 뿐이다. 결론적으로 말해 리브리아 같은 사회는 이론적으로나 현실적으로나 존재할 수가 없다. 감정이 없으면 관계가 없고, 관계가 없이는 사회 자체가 유지될 수 없기 때문이다.

감정에 대한 세 번째 정의는 그것이 삶에 '의미'를 준다는 것이다. 사람이 살아가는 목표나 이유를 한마디로 정의하면 '행복' 또는 '행복의 추구'라고 말할 수 있다. 다시 말해 사람은 행복을 바라고 추구하면서 사는 존재라는 것이다. 그런데 행복이란 본질적으로 지식으로 알게 되는 게 아니라 감정으로 느끼는 것이다. 다소 극단적인 예를 들어볼까? 사람들은 아주 즐거운 일을 경험하거나 보람 있는 일을 해내고 나서 '그렇다면 나는 행복해야 마땅하네'라고 논리적으로 판단하더라도 정작 행복감을 느낄 수 없으면 아무 소용이 없다는 것이다.

여기서 프레스턴이 감정 유발죄로 체포되어 사형을 앞두고 있던 메리라는 여성을 면회하는 장면을 살펴보자. 그녀는 그의 손을 잡으면서 이렇게 묻는다. "사는 이유가 뭐죠?" 그럴듯한 답이 생각나지 않은 프레스턴이 "당신은 왜 살지?"라고 반문하자 그녀는 이렇게 대답한다.

"느끼기 위해서요. 당신이 직접 경험해보기 전에는 절대 알 수 없는 거예요. 그건 숨 쉬는 것만큼이나 중요한 거예요. 사랑이 없다면,

분노나 슬픔이 없다면, 숨 쉬는 건 시계바늘이 내는 소리와 같을 뿐이에요."

우리가 옳은 행동을 하면 마음은 아름다운 감정으로 우리에게 화답하지만 잘못된 행동을 하면 험악한 감정으로 우리를 응징한다. 결국 감정이 없는 삶이란 어떠한 즐거움이나 행복도 존재하지 않는 황량한 삶이다. 이를 굳이 환원론적으로 표현하자면 사람이 살아가는 이유 혹은 삶의 의미는 바로 '감정'이라고 말할 수 있을 것이다.

:: 좋은 감정과 나쁜 감정

서양의 지적 전통에서는 이성을 좋은 것으로 간주하고 감정은 대체로 나쁜 것으로 간주하는 경향이 강한 편이다. 영화 〈이퀼리브리엄〉은 이런 시각에 정당한 반론을 제기하고 있다. 전쟁과 불행의 원인은 감정 일반에 있는 것이 아니라 나쁜 감정에 있으며, 평화의 원인역시 감정 일반에 있지 않고 좋은 감정에 있다. 즉 동기, 감정, 지식에는 모두 좋은 것과 나쁜 것이 있다는 것이다.

인류가 전쟁을 방지하고 행복해지려면 모든 감정이 아니라 나쁜 동기, 감정, 지식만 선별적으로 없애나가야 한다. 만일 사람의 동기, 감정, 사고 중에서 하나라도 제거하게 되면 사람은 더 이상 사람이 아니게 되고, 그 결과 인류는 멸종하게 될 것이다. 프레스턴이 반란

군과 합세하여 허무맹랑한 신념을 가지고 있던 리브리아의 독재자를 가차 없이 처단했던 것은 바로 이 때문이었다.

 감정(感情, Feeling 혹은 Emotion)

감정이란 1)태도에 기초해 형성되며 2)신체적 변화를 수반하는 3) 주관적 체험이다. 감정은 우선 객관세계의 사물 현상들에 대한 사람들의 태도를 반영한다. 예를 들어 라면에 대한 호의적인 태도를 가진 사람은 라면에게서 긍정적인 감정을, 라면에 대한 비호의적인 태도를 가진 사람은 라면에게서 부정적인 감정을 느끼는 것이다. 이런 식으로 사람은 자기의 태도에 근거해 주변세계의 사물 현상에 대한 체험을 하게 되는데, 그것은 기쁨, 만족, 사랑, 미움, 증오, 불만, 슬픔, 자책감, 부끄러움, 수치심 등 다양한 느낌으로 나타난다. 태도에 영향을 미치는 것은 동기, 사상과 신념, 가치관, 문화, 개인의 고유한 취향이나 심리적 특성 등이 있다.

감정은 또한 신체적 변화를 수반한다. 대부분의 사람들은 감정을 가슴이나 몸으로 느낀다고 말하곤 하는데, 감정은 실제로 심장이나 내장활동의 변화 등을 수반한다. 가령 밤에 산길을 가다가 하얀 옷을 입고 머리를 풀어헤친 여자를 보았을 때 심장이 마구 뛰고 온몸에서 식은땀이 나는 것, 부끄러울 때 얼굴이 붉어지는 것, 화가 났을 때 음성까지 변하는 것 등은 바로 감정이 신체 변화를 동반하기 때문에 나타나는 현상이다. 이러한 신체 변화를 수반하기 때문에 감정은 사람에게 강력한 영향을 미치게 되는 것이다.

감정은 주관적 체험이기도 하다. 감정이 주관적인 체험이라는 것은 동일한 대상을 두고 각 개인마다 체험하는 감정의 종류와 강도가 다르다는 것을 의미한다. 예컨대 어떤 유행가를 들었을 때 어떤 이는 행복감을 느끼지만 어떤 이는 불쾌감을 느낄 수도 있다. 이렇게 감정 체험에서 개인차가 생기는 것은 개인마다 욕구와 지향, 사상과 신념, 가치관, 정신문화적 수준, 심리적 특성 등이 다르기 때문이다. 감정은 주관적 체험이므로 감정의 발생 속도, 세기 및 지속성에서는 필연적으로 개인차가 나타나게 되어 있다.

 동기

해결되지 못한 무의식적 동기
인셉션(Inception, 2010)

:: 타인의 마음을 들여다보다

영화 〈인셉션〉의 주인공 돔 코브는 타인의 생각을 훔쳐내는 일을 하는 사람이다. 그는 마치 첩보요원처럼 타인의 꿈에 침투해 그의 마음속에 숨겨져 있는 비밀을 도둑질하는데, 영화에서는 이를 '추출'이라 하고 그런 일을 하도록 훈련받은 전문가를 '추출사'라고 부른다. 물론 현실에서는 그런 일이 가능할 리 없고 어디까지나 영화 속 이야기이니 괘념하지 않아도 좋다.

  그런데 타인의 마음을 들여다보려면 왜 그의 꿈속으로 들어가야만 하는 것일까? 그것은 깨어 있는 누군가의 마음을 들여다보는 것은 불가능한 반면, 꿈을 꾸는 상태에서는 그럴 수 있는 가능성이 있기 때문이다. 적어도 이론상으로는 그렇다. 생각해보라. 만일 깨어 있을 때 누군가가 우리 마음속으로 들어오려고 시도한다면, 당연히 우리는 그것에 저항할 것이다. 이에 비해 꿈을 꿀 때에는 그런 저항 (혹은 방어)이 약해지기 때문에 타인의 마음속으로 침투할 수 있는 여지가 생긴다. 코브의 동료 아서가 고객에게 했던 말은 이를 잘 표현하고 있다.

  "꿈을 꾸는 상태에서는 의식 방어가 약해져서 귀하의 생각을 도난당하기 쉬워집니다."

꿈을 꾸고 있는 사람의 이마에 물방울을 떨어뜨리면 그는 잠들어 있는 상태에서도 그 자극을 인지한다. 하지만 그는 잠에서 깨어나지 않고 계속 꿈꾸려 하기 때문에 그런 자극을 꿈속으로 가지고 와 처리한다. 예를 들면 꿈속에서 분수대를 등장시키거나 비를 내리게 하는 식으로 말이다. 영화에서도 외적 자극을 이런 식으로 꿈에 받아들여 처리하는 장면이 자주 등장한다. 이런 식으로 잠에서 깨어나게 할 정도로 강한 자극이 아니면 사람들은 외적 자극을 자기의 꿈 안에 받아들이게 된다. 그래서 누군가가 타인의 꿈에 슬며시 들어갈 수만 있다면 그를 꿈 안으로 받아들이게 될 가능성은 충분히 있다. 이것이 가능하도록 영화에서 추출사들이 사용하는 것은 깊은 잠을 자게끔 만드는 약물이다.

사실 타인의 꿈속으로 침투할 수만 있다면, 그가 깨어 있을 때에는 일절 발설하지 않거나 기억하지도 못하는 무의식(잠재의식)에도 접근할 수 있다. 꿈은 잠을 자는 동안에 의식과 무의식을 포함하는 내면 세계를 탐색하고 재정비하는 정신현상이다. 대체로 사람들은 잠을 자는 동안에는 외부세계의 자극을 차단함으로써 그것으로부터 자유 로워지고, 그에 따라 무의식을 포함하는 내면세계에 온전히 집중하 게 된다. 이렇게 되면 깨어 있을 때에는 좀처럼 접근하지 못했던 무 의식에 접근하고 그것을 활용할 수 있는 가능성도 커진다. 실제로 사 람들은 꿈속에서 중요한 영감이나 통찰을 얻기도 한다. 사람들이 깨 어 있을 때에는 드러나지 않았던 깊은 속마음이 꿈속에서는 그대로 드러나기도 하고, 깨어 있을 때에는 전혀 기억할 수 없었던 먼 과거 의 일들이 생생하게 나타나기도 한다. 이러한 이유로 꿈이 정신분석 이나 심리치료에 자주 활용되기도 하는 것이다. 타인의 꿈에 들어가 그의 비밀스러운 생각들을 훔쳐낸다는 영화의 발상은 바로 이러한 꿈의 특성에 기초하고 있다.

이쯤에서 이런 의문을 품는 사람도 있을 것이다. '꿈을 꾸지 않는 사람의 경우에는 어떻게 그의 마음속으로 들어갈 수 있는가?' 하지 만 꿈을 꾸지 않는 사람은 있을 수 없다. 모든 사람은 잠을 자는 동 안에 규칙적으로 꿈을 꾼다. 다만 깨어났을 때 그 꿈을 기억하지 못 하기 때문에 자기가 꿈을 꾸지 않는다고 믿는 것일 뿐이다. 이런 사 람들은 아마 추출사가 자기의 꿈에 들어와서 무슨 짓을 하더라도 전 혀 기억하지 못할 것이다. 꿈에 대해 한마디 더 덧붙이자면, 사람은 꿈을 꿀 때 현실법칙, 즉 시공간의 법칙이나 논리적 법칙 등을 무시 하기도 한다. 꿈은 그래서 비현실적인 장면이나 이야기를 얼마든지

만들어낼 수 있다.

:: 생각의 씨앗을 심어라

아내를 죽였다는 누명을 써 고향에 가지 못하는 데다 의뢰인으로부터도 쫓기는 신세가 된 코브는 한 기업가로부터 거부하기 어려운 제안을 받는다. 경쟁사의 후계자인 피셔의 마음에 '아버지가 물려주는 기업을 해체하겠다'라는 생각을 심어주면, 아이들한테 돌아갈 수 있게 해주겠다는 것이다. 그것은 코브가 기존에 해왔던 작업과는 차원이 다른 일, 즉 단순히 타인의 생각을 훔쳐내는 게 아니라 타인에게 그의 의지와는 상관없는 생각을 집어넣어야만 하는 아주 어려운 일이었다. 하지만 코브는 그 기업가의 제안을 수용할 수밖에 없는 상황이었고, 결국 그 작전을 성공으로 이끌기 위한 최강의 팀을 조직하여 불가능에 가까운 도전을 시작한다.

자, 코브는 타인의 마음속에 '아버지가 물려준 회사를 해체하겠다'라는 생각을 어떻게 집어넣을 수 있을까? 코브가 팀원들과 작전회의를 하는 장면을 보자. 한 팀원이 피셔의 꿈에 들어가 '나는 아버지의 회사를 해체하겠다'라는 생각을 집어넣으면 되지 않겠느냐고 하자, 코브는 그런 생각은 피셔가 금방 거부할 것이라고 반대한다. 실제로 자기 의사가 아닌 외부에서 주입된 명제나 생각은 잠깐 동안 영향을 미칠 수 있을지 몰라도 결국에는 거부당하기 마련이다.

이러한 이유 때문에 그는 단순한 생각의 주입은 아무 소용이 없다고
말했으리라.

　대신 코브는 피셔의 마음속에 완성된 생각이 아닌 '생각의 씨앗'
을 심어서 그것이 자라나게 해야 한다고 주장한다. 다시 말해 그의
팀은 생각의 씨앗만 심어놓고, 피셔 스스로 그 씨앗을 키워 '아버지
의 회사를 해체하겠다'라는 생각을 하게끔 만들어야 한다는 것이
다. '시작 혹은 개시'라는 뜻을 가진 〈인셉션inception〉이라는 영화
제목도 아마 이와 관련이 있는 듯하다. 이를 위해 코브는 심리학 이
론에 입각해 다음과 같은 구체적인 작전을 세우게 된다.

첫째, 피셔의 무의식 깊은 곳에 생각(사고)의 씨앗인 동기와 감정을 심는다. 사람들은 흔히 생각이 동기와 감정을 규정한다고 믿는 경향이 있는데, 실제로는 동기와 감정이 생각을 규정하는 편이다. 가령 우리는 배가 고프면 밥을 먹고자 하는 동기로 인해 밥 생각을 하게 되고, 누군가를 미워하는 감정이 있으면 그 사람의 결함이나 잘못부터 포착하고 떠올리게 된다. 동기와 감정이 생각을 지배하는 이러한 심리법칙을 코브는 다음과 같이 표현하기도 했다.

"무의식적 동기유발은 이성이 아닌 감정에 의한 거잖아? 아버지의 회사를 해체하겠다는 생각을 감정적인 개념으로 바꿀 방법을 찾아야 해."

코브의 두 번째 작전은 아버지와의 관계에서 비롯된 피셔의 강렬한 무의식적 동기를 이용하는 것이다. 해결되지 못한 강렬한 무의식적 동기는 본인이 알건 모르건 간에 그 사람에게 지대한 영향을 미친다. 따라서 피셔의 강렬한 무의식적 동기에다 '아버지의 회사를 해체하겠다는 생각의 씨앗'을 접목할 수만 있다면 작전이 성공할 확률은 매우 높아질 것이다. 이런 코브의 의견을 들은 한 팀원이 "아버지의 회사를 해체하는 것이 평소 분노의 대상인 아버지에 대한 복수라고 암시"하면 어떠냐고 제안한다. 이에 대해 코브는 다음과 같이 말하면서 반대한다.

"아냐. 난 늘 긍정적인 감정이 부정적인 감정을 이긴다고 봐. 우리는 모두 화해와 카타르시스를 갈망하잖아."

긍정적인 감정과 부정적인 감정은 모두 동기로 작용할 수 있다. 예를 들어 타인에 대한 사랑이라는 긍정적인 감정은 그를 위하고 아껴주려는 동기로 작용하고, 타인에 대한 증오라는 부정적인 감정은 마찬가지로 그를 비난하거나 공격하려는 동기로 작용할 수 있다. 그런데 사람은 본능적으로 긍정적인 감정은 적극 체험하려 하지만 부정적인 감정은 회피하려 한다. 다시 말해 사람은 누구나 행복한 감정은 달가워하지만 고통스러운 감정은 싫어한다는 것이다. 그렇기 때문에 똑같은 동기라 할지라도 긍정적인 감정이 뒷받침된 동기를 실현하려는 행동은 사람을 행복하게 해주지만, 부정적인 감정과 결합된 동기를 실현하려는 행동은 사람을 힘들게 하도록 되어 있다. 생각해보라. 증오심이나 복수심에 휩싸여 인생을 살아가는 사람의 얼굴이 어디 행복해 보이는가?

긍정적인 감정에 의한 동기는 행복감의 원천이므로 별 탈 없이 무럭무럭 자라날 수 있다. 그러나 부정적인 감정에 의한 동기는 괴로움의 원천이므로 아주 힘겹게 자라날 위험이 크다. 코브는 이렇게 생각의 씨앗으로는 부정적인 감정이 아니라 '긍정적인 감정'이 최선이라는 사실을 제대로 이해하고 있었던 것으로 보인다. 그는 복수심 같은 부정적인 감정의 동기유발 효과가 카타르시스 같은 긍정적인 감정의 동기유발 효과보다 훨씬 못하기 때문에, 긍정적인 감정에 기초한 동기를 유발해야 먹힐 수 있다는 심리법칙을 정확히 꿰뚫고 있었던 것이다.

피셔는 아버지와의 관계가 좋지 않았다. 그래서 아버지에 대한 분노가 심했다. 이를 역으로 말하면 그에게는 아버지의 사랑과 인정을 받고 싶다는 무의식적 동기가 있다고 할 수 있다. 이 점에 착안하여 코브는 다음과 같은 구체적인 작전을 세웠다. 이 작전에서 2단계의 꿈은 '꿈속의 꿈'이고 3단계의 꿈은 '꿈속의 꿈속의 꿈'인데, 단계가 높은 꿈일수록 그들은 더 깊은 무의식의 세계로 들어갈 수 있었다. 코브는 먼저 1단계의 꿈(얕은 무의식)에 들어가 '나는 아버지의 발자취를 따르지 않겠다'라는 생각을 하게 만들었다. 2단계의 꿈(좀 더 깊은 무의식)에서는 '나 스스로 뭔가 이루어보겠다'라는 동기를 유발시켰다. 마지막으로 3단계의 꿈(가장 깊은 무의식)에 들어가서는 피셔와 아버지를 극적으로 화해시켰다. 그리고는 아버지의 사랑을 확인해 카타르시스를 체험한 피셔에게 '아버지는 내가 자기와는 다르게 살기를 바라신다'라는 동기를 심어놓았다.

이 작전은 다음과 같은 도식(생각의 씨앗이 자라나는 과정)으로 요약할 수 있다. 아버지는 나를 사랑하셨고, 내가 자기와는 다르게 살기를 바라신다.(꿈의 3단계: 가장 깊은 무의식) → 아버지의 소망대로 나 스스로 뭔가를 이루어보겠다.(꿈의 2단계: 중간 무의식) → 나는 아버지의 발자취를 따르지 않겠다.(꿈의 1단계: 얕은 무의식) → 아버지의 회사를 해체하겠다.(의식)

그리하여 코브 팀이 조작한 3단계의 꿈은 이랬다. 피셔의 꿈속에 피셔의 아버지가 등장한다. 평소에 아들을 쌀쌀맞게 대했던 그는 임

종을 앞두고 피셔에게 "실망했다"라고 말한다. 그러자 아버지가 자기를 못마땅하게 여겨왔음을 잘 알고 있던 피셔는 "아버지처럼 되지 못해서 실망하신 거 알아요"라고 대답한다. 그런데 아버지의 다음 말은 그를 너무나 놀라게한다.

"아니, 실망한 건 네가 나처럼 되려고 해서다."

그 말을 끝으로 아버지는 돌아가시고 아버지의 금고를 열어본 피셔는 대성통곡을 한다. 그 안에는 어린 시절의 피셔가 만들었던 '바람개비'가 들어 있었기 때문이다. 비록 평소에 표현은 하지 않았으나 아버지가 자기를 깊이 사랑해왔음을 온몸으로 느끼게 된 피셔는 아버지와 극적으로 화해하게 되고, 변호사에게 이렇게 말한다.

"유언장에서 아버지는 내가 나로서 살기를 바라셨어요. 아버지를 위해 살지 말라고요. 이제 그렇게 할 거예요, 아저씨."

그런데 피셔의 경우처럼 꿈속에서 강렬한 감정 체험이나 카타르시스를 경험한 것이 과연 현실에까지 영향을 미칠 수 있을까? 답은 '그렇다'이다. 비록 꿈은 현실이 아니지만, 꿈속에서의 감정 체험은 분명한 현실이다. 꿈속에서 지독한 슬픔을 느끼면 실제로도 눈물을 흘리며, 꿈속에서 엄청난 공포를 느끼면 실제로도 온몸에 소름이 돋지 않던가. 이처럼 꿈이라는 가상세계는 허구이지만 그 가상세계에서 느낀 감정은 실제이므로, 비록 꿈을 잊어버리더라도 그로 인한 감정 체험은 현실에 충분히 영향을 미칠 수 있다.

〈인셉션〉을 보고 나서 '나의 동기는 내 것인가 아니면 외부에서 주입된 것인가?'라는 의문을 품는 이들도 있을 것이다. 현실에서는 본인의 의지에 반하는 어떤 동기가 외부에서 강제로 주입되는 것이 사실상 불가능하다. 물론 공부를 하기 싫은 아이일지라도 부모의 압력으로 열심히 공부를 할 수 있고 우등생이 될 수도 있다는 식의 반론을 제기할 수도 있다. 하지만 그런 아이는 외부로부터 동기가 성공적으로 심어져서 공부를 열심히 하는 게 아니라, 부모의 사랑을 잃기 싫다는 동기로 인해 공부를 열심히 하는 것뿐이다. 다시 말해 공부를 하려는 동기란 본질적으로 부모의 사랑을 잃지 않으려는 진짜 동기를 실현하기 위한 하나의 들러리일 뿐이라는 것이다.

이에 비해 자기 스스로의 통찰과 결단에 의해 갖게 된 동기는 '복수는 나의 것'이라는 말처럼 그야말로 어떤 일을 진정으로 하고 싶어서 하게끔 해준다. 따라서 '무엇인가를 해야만 한다'는 의무감이나 강박에 시달리는 이들은 자신조차 모르고 있는 엉뚱한 동기에 의해 그 일을 하고 있지는 않은지 한번 살펴볼 필요가 있다.

:: 현실과 꿈의 경계

꿈의 중요성을 무시해서도 안 되지만 꿈에게 압도당하는 것은 더 위험하다. 코브의 경우도 마찬가지였다. 그는 과거에 아내와 함께 점점 더 깊은 꿈속으로 들어가는 실험을 하다가 꿈의 세계에 갇혀 50년(꿈속의 시간) 동안이나 빠져나오지 못했다. 그러다 보니 그의 아내 맬은 꿈을 현실로 착각하게 되어 꿈의 세계에 영원히 머무르려 했다. 코브는 급기야 아내를 현실로 데리고 나오기 위해 그녀의 마음에 '지금의 현실은 현실이 아닌 꿈이다' 라는 생각의 씨앗을 심어놓기까지 했다. 덕분에 두 사람은 꿈에서 탈출하게 되었으나, 아내는 현실로 돌아와서도 그것을 현실로 받아들이지 못하고 꿈이라고 생각했다. 그가 심어놓은 생각의 씨앗이 자라나 현실에서도 아내에게 계속 영향을 미치게 된 것이다.

결국 맬은 꿈에서 벗어나 현실로 돌아가겠다며 자살을 했고, 코브는 아내를 죽게 만들었다는 죄책감을 떠안게 되었다. 그 이후로 맬은 그가 꿈을 꿀 때면 어김없이 나타나 '함께 늙어가자는 약속' 을 지키라고 종용하면서, 그의 일을 방해했고 그를 괴롭혔다. 물론 코브의 꿈에 항상 등장하곤 했던 맬은 그의 아내가 아니라 그가 만들어낸 죄책감의 상징이었을 뿐이다. 이에 대해 아리아드네는 다음과 같이 지적하기도 했다.

"그녀는 당신의 죄책감이군요. 죄책감이 그녀를 강하게 해요."

코브가 위험한 상태에 있음을 감지한 아리아드네는 "당신은 스스로를 용서해야 해요"라고 충고했지만, 그는 자기를 용서하지 못했다. 죄책감으로 인해 현실에서 살아가기가 너무나도 괴로웠던 코브는 결국 마음 깊은 곳에 죄책감의 상징인 아내를 가두어놓고는 그녀를 만나기 위해, 그리고 그녀와 함께 하기 위해서 습관적으로 꿈의 세계로 들어가게 되었다. 일종의 '꿈 중독'에 걸린 셈이다.

수많은 우여곡절을 겪으면서 마침내 작전을 성공시킨 코브는 집으로 향하는 비행기 안에서 깨어났다. 피셔에게 생각을 심어달라고 요구했던 기업가는 애초의 약속을 지켜 그를 고향으로 돌아갈 수 있도록 조치해주었다. 그러나 그가 깨어난 곳이 과연 현실 세계였을까? 꿈속의 세계가 현실이 아님을 강조하기 위해서인지는 몰라도, 〈인셉션〉에 등장하는 꿈에서는 숫자나 문자가 모조리 거꾸로 뒤집혀 있었다. 그런데 코브가 도착한 공항에 있던 시계의 숫자나 문자들 역시 거꾸로 뒤집혀 있었다.

집에 도착해 아이들을 만나게 된 그는 자기가 있는 곳이 현실인지 꿈인지 의심스러워 식탁 위에다 쇠로 만들어진 작은 팽이—영화에서는 '토템'으로 불린다—를 돌려보았다. 그 팽이는 현실에서는 얼마간 돌다가 넘어지지만 꿈속에서는 멈추지 않고 계속 돌아가기 때문에, 코브는 그것을 통해 현실과 꿈을 구분하곤 했다. 영화는 마지막 장면에서 그 팽이가 약간은 비틀거리지만 계속해서 돌고 있는 모습을 보여주다가 끝난다.

꿈은 제아무리 화려하고 즐거울지라도 현실이 아닌 상상과 환상의 세계일 뿐이다. 현실에서 겪는 고통이 아무리 극심할지라도 그것을 받아들이고 견뎌 이겨내야만 건강하고 행복한 삶을 살 수 있다.

물론 그것이 몹시도 어려운 일임에는 틀림없다. 하지만 현실의 고통을 회피하기 위해 어디론가 자꾸 도망치려 하고, 현실에서 충족되지 못한 소망을 계속 꿈을 통해 해결하려 한다면 점점 더 현실에서 멀어지게 될 뿐이다. 현실에서의 고통스러운 삶보다는 꿈속에서의 행복을 바랐던 코브가 영원히 꿈속에 갇혀버려 현실로 돌아올 수 없게 된 것처럼…….

 동기(動機, Motive)

사람으로 하여금 특정한 활동을 하게 만드는 내적(內的) 원인을 말한다. 살인 동기는 살인을 하게 만들고 학습동기는 공부를 하게 만드는 것처럼 말이다.

동기는 무엇보다 사람에게 활동 목표를 제공함으로써 감정과 사고, 그리고 실천 활동 전반에 영향을 미친다. 예를 들어 밥을 먹고 싶어 하는 동기는 음식 냄새에 좋은 감정을 갖게 하고, 음식 생각을 하게끔 만들며, 음식을 먹는 행동을 하도록 이끈다. 사람의 삶이란 기본적으로 동기를 실현하기 위한 활동이라고 할 수 있다. 사람에게 동기로 작용하는 것은 다음과 같은 것들이 있다.

① 생물학적 욕구 : 생물학적 존재가 가지는 생리적 욕구(체온 유지, 목마름, 배고픔 등)와 생명 유지 욕구(성욕, 방어 욕구, 안전의 욕구 등)를 말한다. 생물학적 욕구는 사람만이 아니라 동물도 가지고 있다.

② **사회적 욕구** : 사회적 존재인 사람만이 가질 수 있는 일련의 욕
구들이다. 대표적인 사회적 욕구는 사랑의 욕구, 양심의 욕구,
운명통제 욕구, 정신문화적 욕구, 자존의 욕구이다.

③ **사회적 요구** : 자신이 소속된 사회집단이나 자신이 신봉하는 사
상 또는 이념에서 비롯되는 요구이다. 사람은 누구나 다 민족,
계급계층, 직업집단과 같은 특정한 사회집단에 소속되어 살아
가거나 소속감을 느끼게 되어 있다. 그래서 그러한 사회집단이
내세우는 요구를 자기의 것으로 받아들이게 되는데, 그것이 바
로 사회적 요구이다. 특정한 사회집단을 대변하는 정당이나 종
교를 위해 활동하려 하는 것이 여기에 해당된다.(생물학적 욕구,
사회적 욕구, 사회적 요구에 대해서는 졸저 《새로 쓴 심리학》의 '동기' 편
을 참고하길 바란다.)

 왜곡

기억은 어떻게 왜곡되는가

메멘토(Memento, 2000)

: : 단기기억 상실증

영화 〈메멘토〉의 주인공 레나드는 사고 탓에 '단기기억 상실증'이
라는 병을 앓게 된다. 간단히 말해 이것은 단기기억 기능은 온전하
지만, 장기기억 기능이 고장 나는 병이라고 할 수 있다. 기억은 그
보존기간을 기준으로 단기기억과 장기기억으로 구분된다. 여기서
단기기억 Short-term memory은 말 그대로 일시적으로 생각들을 보존하
며 처리하는 기억이고, 장기기억 Long-term memory은 단기기억에서
처리된 생각들을 장기적으로 저장하는 기억이다. 쉽게 말하자면 잠
깐 머리에 떠올릴 수 있는 기억을 단기기억, 오랫동안 머릿속에 보
관할 수 있는 기억을 장기기억이라 할 수 있다. 그런데 단기기억 상
실증 환자는 바로 이 단기기억에서 처리된 생각들을 장기기억으로

넘기지 못하고 모두 잊어버리는 것이다.

일반적으로 장기기억 상실증 환자는 자기의 이름이 무엇이고 그 동안 어떻게 살아왔는가를 비롯한 과거의 기억들을 대부분 잊어버린다. 흔히 영화와 드라마 속에 등장하여 사고를 당한 후 "내가 누구지?"라고 묻는 기억 상실증 환자가 여기에 해당된다. 반면에 단기기억 상실증 환자는 병에 걸리기 전까지의 과거지사는 정상인과 마찬가지로 잘 기억한다. 하지만 그들은 병에 걸린 후에 경험하는 일들에 대해서는 잠깐만 기억하고 있다가 시간이 조금 지나고 나면 모두 잊어버린다. 이 때문에 단기기억 상실증을 앓는 그 순간부터 새로운 기억이란 더 이상 만들어지지 않게 된다. 레나드는 이에 대해 다음과 같이 말한다.

"사고 후의 새 기억은 곧 잊지. 얘기가 길어지면 시작점을 잃어버려."

레나드가 단기기억 상실증에 걸리게 된 것은 그의 집에 침입하여 아내를 죽인 살인범을 총으로 쏘는 순간, 뒤에서 또 다른 공범이 그의 머리를 가격했기 때문이다. 레나드는 그 이후부터 모든 것을 잠시만

● 단기기억과 장기기억

일반적으로 단기기억은 그 보존 기간이 수초에서 수십 초에 불과한 짧은 기억을 말한다. 일단 머릿속으로 들어오거나 떠올려진 정보들은 이 단기기억을 거쳐야 장기기억으로 보내진다. 단기기억의 정보처리 용량은 제한적이지만 순차적인 처리 속도는 매우 빠르므로 짧은 시간 동안에도 아주 많은 정보를 처리할 수 있다. 일부 심리학자들은 이 단기기억을 작업기억 Working Memory이라 부르기도 한다. 반면 장기기억은 머릿속에 집어넣은 정보들을 수개월에서부터 길게는 평생 동안 보존하는 기억을 말한다. 장기기억은 단기기억과는 달리 그 크기가 무한정하다고도 할 수 있는 거대한 저장 용량을 갖고 있다.

기억하다가 이내 망각하게 된다.

:: 기억을 하지 못하게 된다면?

만일 레나드처럼 단기기억만 할 수 있고 장기기억을 할 수 없다면 어떻게 될까? 일단 생활하기가 너무나 불편하고 힘들어질 것이다. 한번 상상해보라. 새로 산 물건이나 차, 새로 이사 간 집조차 기억하지 못한다면 어떻게 될까?

자기가 어느 곳에서 잠이 들었으며 그 잠이 낮잠인지 아닌지조차 기억할 수 없는 레나드는 침대에서 깨어날 때마다 자신에게 "어디지?"라고 묻고는 주위를 죽 둘러본다. 그러고 나서야 그는 "모텔 방이군. 막 일어난 것이고"라는 대답을 스스로에게 한다. 물론 이런 대답은 단지 막연한 추정일 뿐 그는 그곳에 자기가 얼마나 오래 묵고 있었는지를 모르며, 그곳이 항상 낯설기만 하다.

> "처음 온 곳 같지만 일주일이 됐는지 석 달이 지났는지 모르겠다. 그저 낯선 방이군."

단기기억 상실증은 자기가 무엇을, 왜 하고 있는지도 알 수 없게 만든다. 레나드는 어떤 장소로 가고 있으면서도 자기가 왜 그곳으로 가고 있는지—출발할 때는 알고 있었을지라도—를 모르며, 누군가와 격투를 벌이면서도 상대방이 누구인지, 왜 그 사람과 싸우고 있는지조차 모른다. 심지어 레나드는 자기감정의 원인조차 제대로 알지 못한다. 예를 들어 설명하자면, 누군가에게 모욕을 당해서 생긴 분노가 15분 정도 유지된다면 레나드가 기억할 수 있는 시간은 10분에 불과하다. 그러므로 그는 처음 10분 동안은 정상적으로 분노를 표현하겠지만 10분이 지나면서부터는 자기가 왜 분노하고 있는지를 알 수가 없다. 이에 대해 레나드는 이렇게 말한다.

> "화나는데 이유를 몰라. 죄책감이 들어도 이유를 몰라. 뭘 해도 10분 후면 잊혀지죠."

이렇게 단기기억 상실증은 '왜'를 기억하지 못하게 함으로써 생활과 삶에서 '의미'를 박탈하는 결과를 가져온다. 단기기억 상실증이 초래하는 가장 파괴적인 결과는 아마도 삶을 제자리에 멈춰 세운다는 데 있을 것이다. 흔히 회자되는 말 중에는 '그가 한 경험이 그 사람을 만든다'라는 말이 있다. 그런데 이것이 가능하려면 장기기억 능력이 반드시 필요하다. 경험은 기본적으로 기억을 통해 사람에게 영향을 미치기 때문이다.

이런 맥락에서 본다면 '오늘의 나'는 과거의 경험, 곧 과거 기억의 결과이며 오늘을 기억하는 것이 '내일의 나'를 만든다고 할 수도 있다. 레나드의 경우는 단기기억 상실증에 걸린 후에도 수많은 경험을 했을 테지만, 그 새로운 경험들을 머릿속에 저장하지 못하기 때문에 현재의 자기가 어떤 사람인지를 알 수가 없다. 즉, 시간이 아무리 많이 흘러도 그가 알고 있는 자신이란 '변화된 나', '성장한 나'가 아니라 항상 '병에 걸리기 전의 나', 즉 과거의 나일 뿐이다. 그가 다음과 같이 토로한 것도 이 같은 이유에서였을 것이다.

"현재의 나를 알려면 기억이 필요하다."

단기기억 상실증은 결정적으로 대인관계 능력도 손상시킨다. 레나드는 자기를 도와주던 나탈리를 만나러 약속장소로 가지만 그녀를 기억할 수 없었기에 그녀가 앉아있는 자리를 그대로 지나칠 수밖에 없다. 기억능력 상실이 대인관계를 불가능하게 만든다는 것은 그들이 나누는 대화에서도 집약적으로 표현되어 있다.

"다음에 만날 땐 날 기억해줄 거죠?"

결론적으로 말해 아무리 새로운 경험을 많이 하고 새로운 사람을 많이 만나더라도 그것을 기억하지 못한다면 그에게 새로운 기억과 새로운 삶, 즉 미래는 존재할 수가 없다는 것이다. 단기기억을 장기기억으로 넘기지 못하는 단기기억 상실증 환자는, 레나드의 다음 대사가 보여주듯이 평생을 과거에 갇혀서 살면서 더는 성장하거나 발전하지 못하는 사람, 사실상 죽은 사람이 되는 것이다.

"내 기억을 앗아갔어. 생명을 파괴했지."

:: 기억 VS 기록

만일 우리에게 내일이 없고 미래가 없다면 우리는 계속 살아갈 수가 있을까? 아니, 계속 살아가야 할 이유를 찾을 수 있을까? 대답은 아마 '아니오'일 것이다. 그렇다면 이렇게 미래를 상실했음에도, 레나드가 이리저리 뛰어다니면서 악착같이 살아갔던 이유는 무엇이었을까? 그가 삶을 포기하지 않았던 것은 아내를 죽인 또 하나의 살인범을 찾아내어 복수하기 위해서였다. 한마디로 그에게는 강렬한 복수심만이 유일무이한 삶의 이유였던 것이다.

레나드는 집요하게 살인범을 추적한다. 그러나 그는 안타깝게도 단기기억 상실증 환자였다. 그런 그가 과연 범인을 찾아낼 수 있을까? 그는 자기의 기억능력 부재를 보완하기 위해 사진, 메모, 문신과 같은 도구를 사용하기 시작한다. 그리고 항상 사진기를 들고 다니면서 새로 만나는 사람이나 장소의 사진을 찍어 설명을 적어놓는다. 중요한 내용은 메모로, 정말로 중요한 내용은 아예 몸에 문신으로 새기기도 한다. 그의 손등에 문신으로 새겨져 있는 '새미를 기억하라'는 말이 그렇다.

레나드에게 계속해서 접근하는 테디라는 인물은 그에게 사진이나 기록은 불확실하므로 그것으로는 진범을 찾을 수 없다고 충고한다.

그러자 레나드는 기억이 더 불확실하다고 그를 반박하면서 이렇게 주장한다.

> "경찰들에게 물어봐. 그들은 목격자의 말보다는 사실 수집과 기록으로 결론을 끌어내지. 수사의 기본은 기억이 아니야. …… 기억은 색깔이나 모양을 왜곡할 수 있어. 기억은 기록이 아니라 해석이니까."

레나드는 기록들을 차근차근 쌓고 정리한 끝에 마침내 테디가 살인범임을 확신하게 된다. 그리고 어느 날, 그는 테디의 머리에다 총을 겨누고는 "내 아내한테 사죄해!"라고 요구한다. 테디는 "넌 너 자신도 몰라!"라고 외치며 자기가 범인이 아니라고 주장하지만, 그를 믿지 않았던 레나드는 테디를 죽이고 만다.

기억은 불확실하며, 기억은 기록이 아닌 해석이라는 레나드의 말은 어느 정도 타당하다고 할 수 있다. 하지만 그가 신뢰했던 기록들은 과연 정확하다고 할 수 있을까? 그는 정말로 진범을 죽인 것일까?

:: 무의식적인 기억 왜곡

레나드가 자기의 눈에 가장 잘 보이는 왼쪽 손등 위에 '새미를 기억하라'라는 문신을 새겼던 것은 그에 대한 잊을 수 없는 기억이 있어서였다. 그럼 새미는 누구일까? 그는 58세의 회계사였고 교통사고로 단기기억 상실증을 앓게 된 인물이었다. 그의 아내는 새미가 사회생활을 하는 것이 불가능해지자 보험사를 상대로 보험료를 청구했다. 그런데 새미의 병이 진짜인지 꾀병인지를 판정하기 위해 그를 조사한 사람이 다름아닌 당시 보험조사관이었던 레나드였다.

당시 레나드는 새미의 병이 뇌 손상에 따른 것이 아니라는 결론을 이끌어내는 데 성공했고, 보험사는 이를 근거로 새미의 부인에게 보험금을 지급하지 않았다. 보험금을 받지 못한 새미 부부는 생계를 유지하기가 곤란해졌지만 문제는 그 정도에서 그치지 않았다. 새미의 부인이 '새미가 혹시 거짓으로 병에 걸린 척 하는 게 아닐까?'라는 의혹을 품게 된 것이다. 그녀는 음식을 숨겨 새미를 굶게 만드는 등 여러 가지 방법을 동원해 그를 시험해보았으나 무엇이 진실인지 도무지 확신할 수가 없었다. 그래서 그녀는 마지막으로 자기의 목숨을 거는 최후의 방법을 동원해 남편을 시험하기로 한다.

당뇨병 환자였던 그녀가 인슐린 주사를 놔달라고 하자 새미는 웃으면서 주사를 놔준다. 10분 후, 그녀가 또 주사를 놔달라고 하자 조금 전 일을 전혀 기억하지 못하는 새미는 태연한 표정으로 다시 주사를 놔준다. 그렇게 약 10분 간격으로 연거푸 세 번이나 주사를 맞은 아내는 결국 죽음을 맞이하고 만다. 새미는 아내의 주검을 껴안고 대성통곡했지만 이내 아내가 죽었다는 사실을 망각해버린다.

레나드는 새미의 아내가 죽고 난 후에야 비로소 새미에 대한 자기의 의심이 잘못이었다는 것을 인정하고 괴로워한다. 그후 그는 자기가 단기기억 상실증에 걸리게 된 것이 새미의 일로 벌을 받는 것이라고 말할 정도로 심한 죄책감을 가지게 되었다.

그런데 놀랍게도 레나드가 고집스레 붙들고 있었던 이 기억은 심하게 왜곡된 것이었다. 집에 침입한 범인이 아내를 해치는 장면을 보면서 정신을 잃은 레나드는 아내가 그때 죽었다고 굳게 믿고 있었지만, 그것은 사실이 아니었다. 다행히도 아내는 그 사건으로 죽지 않았으며 단지 레나드만이 단기기억 상실증에 걸렸던 것이다. 레나드의 아내는 병에 걸린 남편을 도무지 이해할 수가 없었다. 실제로 그런 남편을 지켜보면서 살아가야만 하는 삶도 무척이나 견디기 힘들었을 것이다. 결국 당뇨병을 앓고 있던 그녀는, 새미의 부인이 그랬듯이 남편에게 연속적으로 주사를 놔달라고 함으로써 진실을 확인하면서 죽어갔다.

사실 새미에게는 아내가 없었다. 그러나 레나드는 새미라는 인물에다 아내에 대한 기억을 교묘히 버무려 자기의 기억을 심각하게 왜곡했다. 그가 아내에 대한 기억을 왜곡한 까닭은 자기가 아내를 죽였다는 사실이 너무나도 큰 고통을 주었기 때문이었다.

이처럼 지나치게 고통스러운 기억 혹은 정서적으로 수용되지 않은 기억은 방어기제를 작동시킴으로써 기억을 왜곡하거나 억압하게 될 가능성이 크다. 그래서인지 일부 심리학자들은 기억은 조작이나 왜곡에 취약하므로 신뢰할 수 없다는 식의 극단적인 주장을 하기도 한다. 사람들이 가지고 있는 기억이 대부분 허위라는 이 같은 주장은 분명히 문제가 있지만, 누구에게나 다소간의 기억 왜곡이 있다는 것만큼은 사실이다. 그리고 이런 기억 왜곡은 무의식적으로 이루어지는 경우가 대부분이다. 레나드의 경우도 그가 의식적으로 아내와 관련된 과거의 기억을 조작했다기보다는 그 기억이 무의식적으로 왜곡되었다고 보는 게 옳다.

:: 의식적인 기억 왜곡

테디는 레나드가 살인을 저지르게끔 하여 이익을 챙기는 부패한 경찰이었다. 그의 교묘한 거짓말과 부추김에 넘어간 레나드는 한 외딴

집에서 지미라는 마약상을 살해하게 된다. 그런데 그가 죽어가면서 '새미'라는 말을 하고, 이에 이상한 느낌이 든 레나드는 때마침 그곳에 나타난 테디를 다그친다. 어차피 진실을 알게 되더라도 곧 망각할 것이라 생각한 테디는 레나드에게 "넌 거짓을 수없이 되뇌면서 기억을 조작했어"라고 말하며 모든 진실을 알려준다. 새미에 대한 기억이 사실은 레나드 자신에 대한 기억이었다는 것, 아내에게 총을 쏜 범인에 대한 복수는 1년 전에 끝났지만 레나드가 그것을 기억하지 못했다는 것, 자기가 레나드를 조종해 살인을 하게 만들었다는 것까지 모조리……. 그리고는 혼란에 빠져 여전히 진실을 인정하지 않으려 하는 레나드를 조롱한다.

> "난 네게 살아갈 이유를 줬고 넌 기꺼이 응했어. 진실을 원치 않았지. 넌 수사기록까지 조작했어."

진실을 알게 된 레나드는 자기를 이용해온 테디에게 복수하기 위해 기억을 조작하기로 결심한다. 과거에 그랬던 것처럼 무의식적인 기억 왜곡을 하는 것이 아니라 복수를 위해 의식적으로 기억을 왜곡하기로 한 것이다. 레나드는 테디한테서 들은 말을 잊어버리기 전에 부랴부랴 지미의 시체를 찍어놓은 사진을 태워버린다. 그리고 테디의 사진에 그가 범인이라는 말을 적어넣고, 테디의 차량 번호를 문신으로 새겨놓으라는 메모를 남긴다. 그후 테디와 헤어진 레나드는 그에게서 들은 이야기들을 모조리 망각했지만 자신이 조작해놓은 단서들을 통해 테디를 범인으로 확신하고 그를 죽이게 된다.

영화 〈메멘토〉는 의식적이든 무의식적이든 기억을 심하게 왜곡시키는 주인공의 모습을 가감 없이 보여준다. 이를 통해 건강하지 않은 마음이 기억뿐만 아니라 기록까지도 왜곡시킬 수 있다는 것을 준엄하게 경고하고 있다. 테디가 레나드에게 했던 말—"믿고 싶은 대로 기억하라고"—을 우리가 반드시 경계해야 할 까닭이 여기에 있다.

 기억 왜곡(記憶歪曲, Memory Distortion)

기억이 대체로 정확하며 신뢰할 만하다는 것에 대해서는 대부분의 심리학자들이 동의하고 있다. 그러나 기억이 완벽하지 않다는 것 역시 분명한 사실이다.

우선 사람들은 어떤 것은 잘 기억하고 있는 반면 어떤 것은 거의 기억하지 못하는 식의 선택적인 기억을 가지고 있다. 사람들은 또한 좋았던 기억은 더 좋은 것으로, 나빴던 기억은 더 나빴던 것으로 극단화시켜 기억하는 식으로 기억을 왜곡하는 경향이 있다. 또 어떤 사람들은 심적 고통의 원인이 되고 부정적인 감정을 야기하는 기억을 회피하기 위해 그것을 심각하게 왜곡하기도 한다. 이렇게 과거의 기억은 현재의 동기에 의해 재해석되면서 사소하게 왜곡되기도 하고 부정적 감정을 방어하려는 방어기제에 의해 심각하게 왜곡되기도 한다.

자기혐오

"왜 너는 남들 눈에
어떻게 보일지만 생각해?"

미녀는 괴로워(2006)

:: 예뻐지고 싶은 욕망

영화 〈미녀는 괴로워〉의 주인공 강한나는 매사에 어리숙하고 의기
소침해 있는 사람이지만 마음씨만큼은 아주 착하다. 게다가 그녀는
뛰어난 노래실력까지 갖추고 있다. 하지만 그런 것들은 그녀에게 별
다른 도움이 되지 않는다. 무엇보다도 강한나는 엄청나게 뚱뚱한 데
다 못생긴 여성이기 때문이다. 그녀는 남들에게 혐오감을 주는 외모
때문에 대중 앞에 나서지 못한 채 '아미' 라는 여가수의 목소리 대역
을 해야만 했고, 세상 사람들에게 사랑과 인정을 받기는커녕 노골적
으로 무시를 당하면서 살아가야 했다.

강한나에게 유일하게 위안과 희망을 주는 사람은 PD인 한상준이
다. 그는 강한나의 재능을 시샘했던 가수 아미가 그녀를 심하게 놀

리거나 괴롭힐 때마다 이를 제지하며 항상 그녀에게 친절하게 대해 주었다. 그러다 보니 강한나는 가능성이 희박한 줄 알면서도 한상준에 대한 사랑의 마음을 키워간다. 하지만 어느 날 그녀는 우연히 한상준이 가수 아미에게 하는 말을 엿듣고 만다.

"우린 강한나 이용하는 거야, 이용. 무슨 말인 줄 알아? 도망가기 전에 잘 해줘. 도망가면 끝이야."

한상준의 진심을 알게 되어 크게 절망한 강한나는 자살하려 했으나 실패하고 만다. 그리고 위험부담이 높은 전신 성형수술을 감행하여 새로운 사람으로 태어나기로 결심한다. 단순하게 말하자면 그녀가 성형수술을 감행한 이유는 예뻐지기 위해서였지만, 엄밀히 말하자면 강한나에게 외모를 바꾸는 일은 허영 때문이라기보다는 생존을 위한 몸부림에 가까웠다. 그녀는 수술 이유에 대해 묻는 의사에게 눈물을 흘리며 이렇게 말한다. "하루라도 사람답게 살고 싶어서"라고.

그런 강한나였기에 마침내 붕대를 풀고 거울 속에 비친 자기 얼굴을 보는 순간 감격의 눈물을 흘리지 않을 수 없었을 것이다. 그리고 내뱉은 한마디…….

"울어도 이쁘다."

그 원인이 무엇이든 간에 사람들이 아름다운 외모를 가진 이에게 호감을 보이는 것은 부정할 수 없는 사실이다. 어른들뿐만 아니라 심지어 유아들조차 얼굴이 잘생긴 사람을 더 선호한다는 연구 결과까지 있는 만큼, 외모가 좀 떨어지는 사람들이 느끼는 스트레스의 양은 실로 엄청나다. 다소 과장되고 코믹하기는 하지만, 이 영화 역시 세상 사람들이 상대방 외모의 차이에 따라 얼마나 판이한 태도를 드러내는지 적나라하게 묘사하고 있다.

성형수술을 통해 새롭게 태어난 강한나는 싸구려 중고차를 사서 운전하다 실수로 택시를 들이받는다. 신경질적으로 문을 열고 나온 택시 기사는 "아줌마, 당장 내려!"라고 고함을 치고 길에 드러눕는 시늉까지 해가면서 불같이 화를 낸다. 뚱뚱하고 못생겼던 과거의 자신에게 세상 사람들이 보였던 냉담하고 험악한 반응에 익숙한 강한나는 겁이 나 얼굴을 숙인 채 차 밖으로 나오지도 못한다. 그러다가 택시 기사의 거듭된 독촉으로 할 수 없이 차 밖으로 나오는데……. 그때까지만 해도 온갖 불평과 악담을 늘어놓고 있던 택시 기사는 강한나의 아름다운 얼굴을 쳐다보는 순간 자기도 모르게 이렇게 말해버린다.

"괜찮아요?"

자동차사고 현장으로 달려온 경찰들의 반응도 비슷하다. "길 한복판에 차를 세워두고 뭐 하는 짓이냐!"라고 소리치면서 걸어왔던 경찰 역시 강한나의 얼굴을 보는 순간 부드러운 표정으로 돌변한다. 그리고는 거의 조건 반사적으로 "괜찮아요? 다친 데는?" 하고 묻는다. 심지어 택시 기사는 강한나가 "아저씨 얼굴에서 피가 난다"라고 걱정을 해줘도 머리에서 줄줄 흘러내리는 시뻘건 피를 연신 닦아내면서 대수롭지 않다는 투로 이렇게 말한다.

"아, 괜찮아요. …… 하나도 안 아픈데. 아, 쪽팔리게."

한국사회가 유독 여성에 대해 외모를 첫째가는 평가기준으로 삼고 있는 것은 기본적으로 '여자는 그저 시집만 잘 가면 최고'라는 성차별적 편견에 기인한다. 간단히 말해 적잖은 한국인들이 외모가 출중한 여성은 부유한 배우자를 만나거나 연예인이 됨으로써 부와 명예를 거머쥘 수 있다고 생각하는 것이다. 그래서 여성의 타고난 외모를 남들과의 경쟁에서 승리하게 해주는 가장 중요한 자산으로 여긴다. 수술 후 '제니'로 변신해 연예계에 성공적으로 데뷔한 강한나가 한상준에게서 사업가로서의 냉정한 태도를 경험하면서 했던 말은 이러한 잘못된 사회풍조를 비판하는 듯하다.

"무섭다. 모든 게 상품이었네요. 팔 가치도 없는 강한나, 팔기 좋은 제니, 그래요?"

외모를 가장 중요한 기준으로 삼아 차별대우하는 부당한 세상은 사람들로 하여금 자기도 모르게 '여성에게는 외모가 가장 중요하다'는 신념을 갖게 한다. 이는 다시 내세울 만한 외모를 가지고 있지 못한 여성들에게 엄청난 스트레스를 준다. 그저 평범하거나 못생긴 여성들로서는 세상 사람들의 부당한 차별과 무시를 묵묵히 감내하며 버티던가, 성형수술을 통해 자기의 가치를 획기적으로 높이던가 하는 두 가지 선택을 놓고 한 번쯤 고민에 빠질 수밖에 없게 하는 구도라고 할까?

:: 수술로 마음까지 고칠 수 있을까?

원칙적으로 외모의 아름다움이 마음의 아름다움과 정비례할 이유는 없다. 하지만 그 누구라도 외모 때문에 사회적인 차별과 멸시를 반복적으로 경험하다 보면 마음마저 병들기 쉽다. 언젠가 나는 한 대학생에게 이런 말을 들은 적이 있다.

> "외모가 괜찮은 애들은 성격도 좋은데, 못생긴 애들은 어딘가가 꼬여 있어서 되게 피곤하다니까요."

그 대학생의 말처럼 외모와 마음의 건강이 꼭 비례한다고 볼 수는 없지만, 외모를 기준으로 사람을 차별하는 풍조가 강할수록 외모가 떨어지는 사람의 마음이 더 많이 일그러질 가능성이 높아지는 것도 사실이다.

강한나 역시 열등감과 자기혐오감이 심한 반면 자신감이나 자존감은 턱없이 부족하며, 타인들의 사랑과 인정을 받기 위해 무조건 남들의 비위를 맞추면서 잘해주려고만 하는 인물이다. 그러나 정작 자기 자신은 거의 사랑하지도 않고 돌보지도 않는다. 이는 그녀가 평소에 머리도 잘 감지 않는 것이나 점쟁이를 찾아갔을 때 불필요하게 긴장을 해서 실수를 연발하는 모습을 통해서도 엿볼 수 있다. 오죽하면 점쟁이가 그녀에게 이렇게 말했겠는가.

"참 궁금해. 넌 도대체 뭘 잘하니?"

강한나가 건강하지 않은 마음을 갖게 된 것은 기본적으로 그녀의 외모 콤플렉스 탓이라고 할 수 있다. 그럼 성형수술을 통해 예뻐진 후에는 이런 부정적 심리들이 모두 사라졌을까?

결론부터 말하자면 그렇지가 않았다. 비록 강한나의 외모는 가수 제니로 완벽하게 탈바꿈했지만, 부정적인 자아상은 그리 쉽게 교정될 수 없었던 모양이다. 그녀의 마음은 여전히 뚱보 강한나에 머무르고 있었다. 그녀는 육체와 내면의 불일치로 제니가 되고 나서도 계속 남들에게 잘 보이려고 무던히도 애를 써야 했고, 그 결과 자신의 강점인 뛰어난 가창력까지 발휘하지 못하게 되었다. 한상준은 그런 제니에게 뚱보였던 강한나가 노래 부르는 모습이 담겨 있는 동영상을 보여주면서 이렇게 말한다.

"이렇게 못 해? 왜 제니는 남들 눈에 어떻게 보일지만 생각해?"

　강한나는 비록 아름다운 얼굴과 몸을 갖게 되었지만 그런 자기를
온전히 사랑할 수가 없었고 좀처럼 자신감도 가질 수가 없었다. 그
녀는 자기 입으로도 "성형수술, 그런 건 왜 해요? 그런 건 자기 자신
한테 자신 없는 애들이나 하는 거죠"라고 말했듯이, 스스로 자신감
이 없는 뚱보였다는 과거에서 벗어날 수가 없었기 때문이다. 뿐만
아니라 남들을 속이고 있다는 죄책감과 불편함, 언젠가는 진실이 드
러나고 말 것이라는 두려움에 적잖이 시달리고 있었다. 그러다가 결
국 그녀를 시샘하던 가수 아미에 의해 뚱보였던 과거가 폭로되고 만
다. 불행 중 다행이었던 것은 그럼에도 한상준이 사장한테 저항하면

서까지 강한나를 무대에 계속 세우려 했다는 사실이다. 그는 무대에 서지 않겠다며 울고 있는 제니, 아니 강한나에게 이렇게 호소한다.

"내 말 모르겠어? 이젠 아미 때문에, 나 때문에, 누구 때문에, 그런 거 다 필요 없으니까 그냥 너를 위해서 해봐. 단 한 번만이라도 너를 위해서 하라고!"

이제는 더 이상 타인의 시선이나 세상의 부당한 평가 따위에 신경 쓰지 말고 스스로를 위해서 살아보라는 그의 올바른 충고 때문이었을까? 무대에 선 제니는 청중들에게 자기의 성형수술 경력을 용감하게 고백함으로써 무거운 심적 부담감에서 해방된다. 그리고 그야말로 본격적인 새 출발을 시작하게 된다.

"지금은 진짜 제가 누군지도 모르겠어요. 제가 어떻게 생겼었는지 하나도 기억이 안 나요. 하나도요. 강한나, 보고 싶다!"

:: 가장 중요한 자산

멀고 먼 길을 돌아 그녀는 마침내 예전에는 그저 혐오스럽게만 여기며 미워하고 부끄러워했던 뚱보 강한나를 온전히 수용하고 사랑하게 되었다. 조금은 당당해진 강한나는 성형수술을 하는 여성들을 비난하는 남자들에게 이렇게 항의하기도 한다.

> "예뻐지고 싶은 게 꼭 나쁜 것만은 아니잖아요. 나쁜 걸로 치면 예쁜
> 여자만 좋아하는 남자가 훨씬 더 나쁘죠. 그리고 요즘 성형수술은 화장
> 품이나 마찬가지라고 할 정도로 유행이기도 하고요."

물론 요즘에는 성형수술을 했다 하여 손가락질을 받지는 않는다.
하지만 세상은 여전히 평범한 여성보다는 성형미인, 성형미인보다
는 자연미인을 더 높게 평가하고 그들을 끊임없이 비교한다. 그러므
로 외모를 기준으로 자기를 타인과 비교하는 행위에서 완전히 자유
로워지지 않는 한 외모로 인한 열등감과 자기혐오감에서 벗어나기란
쉽지 않다. 일부 사람들이 성형수술을 하고도 외모에 불만을 느끼고
계속해서 수술을 하는 성형중독에 빠지는 것도 이와 관련이 있다.

자기혐오가 심한 사람은 기본적으로 자기학대와 자기파괴 성향이
강하다. 스스로에 대한 분노감과 혐오감 등이 세상을 향해 분출되기
도 하므로 반항적이고 공격적인 성향도 강한 편이다. 또한 자기혐오
가 심한 사람은 자기와 닮은 사람까지도 혐오하게 된다. 예컨대 못
생긴 자기 얼굴에 혐오감을 갖고 있는 이는 못생긴 사람을 싫어하고
잘생긴 사람을 선망한다. 마찬가지로 자기가 흑인인 것을 혐오하는
이는 흑인을 싫어하고 백인을 선망하며, 자기의 가난을 비관하는 이
는 가난한 사람을 배척하고 부자를 선망한다.

자기혐오는 가난한 사람들로 하여금 부자들의 이익을 대변하는

정당에 투표하는 계급배반적인 투표를 하게 만드는 데에서 알 수 있듯이, 항상 자기 파괴적인 결과를 낳는다. 자기혐오는 이렇게 단지 자기를 혐오하는 데 그치지 않고 자기와 비슷한 사람들까지도 혐오하게 함으로써 사회적 연대를 불가능하게 만들고, 궁극적으로는 자기를 공격하는 자살골을 넣게 만든다. 비록 잘못된 세상이 자기혐오를 반복적으로 강요할지라도 자기혐오에서 벗어나기 위한 노력이 절대적으로 필요한 이유가 여기에 있다.

 자기혐오(自己嫌惡, Self-hate)

말 그대로 자기 자신을 미워하고 싫어하는 것이다. 자기혐오는 '나는 못생겼어', '나는 무능력해' 같은 부정적인 자아개념과 자기에 대한 증오감이나 혐오감 같은 부정적인 감정들로 구성된다. 자기혐오에는 어린 시절에 경험한 자기에 대한 부모의 평가와 양육태도, 사회생활을 하며 경험하게 되는 자기에 대한 사회적 평가와 사람들의 태도, 자기에 대한 스스로의 평가와 태도 등이 영향을 미친다. 모름지기 각자의 고유한 재능이나 개성을 중심으로 사람을 평가하고 존중해주지 않고, 사회가 정해놓은 획일적인 기준에 의해 사람들을 서로 비교하면서 우열을 가리는 것은 심각한 문제를 야기할 수 있다. 그것은 자기혐오를 강요하는 주범이기도 하다. 예컨대 시험성적에 의해서 아이들을 획일적으로 평가하거나 외모나 경제력 같은 획일적 기준으로 사람들을 평가하고 차별하는 사회 분위기는 자기혐오를 끊임없이 확대 재생산하게 된다.

 심리적 게임

"실제 상황이라는 거
아직도 모르겠나?"

엑스페리먼트(Das Experiment, 2001)

:: 파국으로 끝난 '스탠퍼드 감옥실험'

〈엑스페리먼트〉는 1971년 스탠퍼드 대학의 사회심리학자 필립 짐바르도 Philip Zimbardo 교수가 '환경조직에 따른 심리변화'를 연구하기 위해 실시했던 일명 '스탠퍼드 모의감옥 실험 Stanford Prison Experiment, SPE'을 근간으로 하는 영화이다. 짐바르도는 스탠퍼드 대학교 지하실에 모의 교도소를 지어 피실험자들을 수감자와 교도관으로 분리해, 그들에게서 어떤 반응이 나오는지를 다각적으로 관찰할 계획이었다. 하지만 원래 2주간 진행하기로 계획되어 있던 그 실험은 6일 만에 종결되었다. 간수들은 죄수들에게 모욕적인 벌을 주고 심지어 폭행까지 했으며, 죄수들은 우울증과 같은 정신장애 증상을 드러냈기 때문이다.

일부 사람들은 이 감옥실험의 결과를 두고 누구에게라도 간수복을 입혀놓으면 인간의 악한 본성을 드러내기 마련이라는 식의 해석을 하기도 하는데, 그것은 잘못이다. 이에 대해 여기서는 두 가지만 지적하기로 하자.

하나는 실제로 감옥에 근무하는 대부분의 간수들은 감옥실험에서 간수 역할을 담당했던 사람들처럼 잔인하고 비이성적으로 행동하지 않는다는 사실이다. 물론 실제 감옥에 있는 대부분의 수감자들 역시 실험에서 수감자 역할을 했던 사람들처럼 행동하지 않는다. 이것은 감옥실험이 비록 감옥과 유사한 환경에서 진행되기는 했지만 그것은 실제 감옥 상황과는 명백히 다르므로, 그 결과를 과도하게 일반화하면 안 된다는 점을 시사해준다.

다른 하나는 감옥실험의 참가자들이 어떤 사람들인가에 따라 반응양식이 달라질 가능성이 있다는 사실이다. 각종 심리실험에 참가하는 사람들의 가장 큰 동기는 돈이다. 즉, 돈이 필요한 사람들이 주로 실험에 참가한다는 것이다. 특히나 다소 위험하거나 어려운 심리실험은 더욱 그렇다. 또한 심리실험에 참여하는 것에 흥미를 느끼는 사람들이 있는 반면 그렇지 않은 사람들도 많은데, 심리실험에는 전자의 사람들이 참여한다는 점도 고려해야 한다.

결론적으로 감옥실험에 참가한 소수의 사람들이 사람(인류) 전체를 충실히 대표하고 있다고 장담할 수 없으므로, 그 결과를 모든 사람에게로 일반화할 수 없다. 또 이런 심리실험들은 그 실험의 참가자들이 어떤 심리상태인가에 따라 각기 다른 결과가 나올 가능성이

큰데, 이후 다른 나라에서 시행된 감옥실험에서 스탠퍼드 감옥실험과 동일한 결과가 나오지 않은 것은 이 때문이다.

영화 〈엑스페리먼트〉의 설정은 스탠퍼드 실험과 비슷한데, 그 내용이나 결과는 스탠퍼드 실험보다 훨씬 끔찍했다. 영화 속에서 심리학자인 톤 박사는 모의감옥 실험을 위해 참가자를 모집하고, 무작위 컴퓨터 추첨을 통해 그들을 각각 간수 집단(8명)과 죄수 집단(12명)으로 나눴다. 그리고 실험을 끝까지 마칠 경우에는 4천 마르크라는 거금을 받을 수 있지만 중간에 그만두면 돈을 받지 못하는 것으로 정했다. 상황이 이렇다 보니 돈을 벌기 위해 자원한 대부분의 참가자들은 실험에 끝까지 참가하려는 동기가 강할 수밖에 없었다.

마침내 시작된 모의감옥 실험은 처음에는 화기애애한 분위기였다. 그러나 시간이 조금씩 흐르면서 예상 밖의 상황으로 치달았다. 비록 '폭력 사용을 금지하며 이를 어기면 퇴소당한다'는 규칙이 있었지만 실험자의 눈을 피해 간수들이 한 죄수를 집단폭행하는 일이 발생했고, 그 정도는 점점 심해져간 것이다. 급기야 간수들의 폭력성과 잔인성은 통제 불가능한 지경이 되어 모의감옥만이 아니라 연구소 전체를 점거해 실험의 부책임자인 그림 박사와 한 연구자를 감금하기에 이르렀고, 가혹한 형벌을 가해 한 죄수를 죽음으로 내몰기도 했다. 결국 죄수들이 집단적으로 탈출을 감행하고 간수들이 이를 제지하는 과정에서 잔혹한 난투극이 벌어졌고, 모의감옥 실험은 사망자 2명, 중상자 3명이 발생하는 불상사를 낳으면서 파국을 맞았다.

자, 실험 참가자들은 왜 정해진 규칙을 지키면서 평화롭게 실험을 끝마치지 못하고 서로 간에 전쟁을 방불케 하는 혈투를 벌이게 된 것일까?

:: 아버지한테 화가 나 있는 아들

사실 실험 첫날만 해도 죄수들과 간수들은 서로 농담을 주고받는 분위기였다. 한 간수는 죄수들 사이에 섞여서 농구도 했고 죄수들이 간수들을 놀리면서 장난을 치기도 했다. 그러나 77번 죄수였던 타렉의 의도적인 도발은 이런 화목한 분위기에 서서히 균열을 일으키기 시작했다. 비록 지금은 택시기사를 하고 있지만 타렉은 철학, 건축, 사회학을 공부했으며 한때는 기자생활을 했던 콧대 높은 지식인이었다. 그의 속내는 따로 있었다. 그는 모의감옥 실험에 지원하고 나서 과거에 일하던 신문사를 찾아가 협상을 벌여, 그 실험을 취재해 오면 기사화해주겠다는 약속을 받아냈던 것이다.

타렉의 입장에서는 만일 모의감옥 실험이 밋밋하게 끝나버리면 낭패였다. 흥미로운 기삿거리를 얻을 수 없기 때문이다. 이에 타렉은 의도적으로 간수들을 자극해 간수들과 죄수들 사이의 갈등을 유발하기 시작한다. 도발은 첫날 식사시간에 82번 죄수 슈테가 자기는 우유를 먹으면 구토를 해서 마시지 못하겠다고 하자, 한 간수가 음식을 남기면 안 된다는 규칙을 내세우며 우유를 마시라고 강요하는 순간에 시작되었다. 그 순간 타렉이 82번 죄수의 우유를 가져다가 단숨에 마셔버리고는 "우리가 이겼어!"라고 외쳐댄 것이다.

다음날 식사시간에 82번 죄수가 또 우유를 마시지 않자 간수는 그에게 벌로 푸쉬업을 하라고 명령한다. 그러자 타렉이 "같이 푸쉬업을 하자"라고 동료 죄수들을 선동하고, 결국 모든 죄수들이 함께 푸쉬업을 하게 된다. 이렇게 죄수들이 자기들에게 집단적으로 반항하는 장면을 보면서 간수들은 '문제는 77번이야'라고 생각하게 되었고, 77번을 제압하지 못하면 간수 역할을 제대로 수행하지 못하게 될 것이라는 위기감을 느끼기 시작한다.

그날 밤 두 명의 간수는 취침 준비가 소홀하다고 트집을 잡아 타렉의 군기를 잡으려 한다. 그러나 그는 임기응변으로 간수들을 오히려 철창 속에 가두어버리고는 문을 잠가버린다. 타렉은 계속해서 "인정하시지, 넌 또 졌어!"라는 말로 간수들을 조롱하고, 괴성을 지르면서 감옥 안을 이리저리 뛰어다닌다. 그러자 이에 고무된 다른 죄수들도 감옥 안의 물건들을 철창 밖으로 마구 던져대면서 한껏 소란을 피운다. 죄수들에 대한 통제력을 상실할 위기에 처한 간수들은 긴급 회의를 열고, 그날 밤 죄수들의 옷을 모두 벗기고 매트리스를 치워 맨바닥에서 밤을 지새우게 하는 벌을 내린다.

한편 현역 공군 소령으로 실험을 관찰하기 위해 참가한 38번 죄수는 타렉이 간수들을 자꾸 도발하자 처음에는 "멍청이"라고 욕을 해대지만, 그가 기삿거리를 만들려고 일부러 그런 짓을 한다는 것을 눈치 채고는 이렇게 타이른다.

"돈 벌러 온 사람들 생각도 하게."

하지만 타렉은 자기를 통제하지 못했고 도발을 멈추지 못했다. 돌아가는 분위기가 심상치 않음을 느낀 타렉 역시 소령에게 "이젠 어쩌지?" 하고 불안해하기도 했지만 간수들을 자극하고 공격하는 일을 멈추지 못했다. "얌전히 있는 게 최고야"라는 소령의 충고는 역부족이었던 것이다.

실험 3일째 되는 날, 타렉은 베루스라는 간수를 이런저런 말로 놀려대다 급기야는 "네 몸에서 고린내가 진동한다"는 말까지 해버린다. 베루스는 사실 동료 간수들까지도 그를 비웃을 정도로 고약한 냄새를 풍기는 사람이었고, 스스로 자신의 냄새에 대해 심한 콤플렉스를 가지고 있었다. 그런 그를 놀려댔으니 결과는 뻔했다.

베루스는 이제 자기를 무시하고 조롱하는 타렉에 대한 극단적인 복수심에 사로잡히게 되고, 마음속에 있던 분노를 한꺼번에 폭발시키기 시작한다. 그때부터 간수 집단의 주도권은 베루스에게로 넘어가고, 대부분의 간수들은 그의 광기에 휘말려들기 시작한다.

이렇게 모의감옥 실험이 파국으로 치닫게 된 가장 큰 원인은 간수들에 대한 타렉의 과도한 도발에 있었다. 그렇다면 그는 간수들을 왜 그렇게 공격적으로 대하고 베루스를 과도하게 모욕했던 것일까? 타렉이 간수들을 자극했던 것은 단지 흥미로운 기삿거리를 얻기 위해서만이 아니었다. 더 큰 이유는 그가 아버지에게 화가 난 아들이라는 데 있었다. 타렉은 감옥실험에 참가하기 직전에 사귀던 여자친구에게 이렇게 말한 적이 있다.

"우리 아버지는 개판이었어. 최악의 저질이랄까? 난 게임을 하듯 아버지 말을 다 거역했지."

아버지한테 화가 나 있는 아들은 대체로 '권위'(나아가 사회)에 대해 반항적인 태도를 취한다. 그런 사람에게는 자기도 모르게 아버지에 대한 증오와 분노를 '권위'에 투영하여 표출하는 경향이 있기 때문이다. 타렉이 기삿거리를 만들려는 차원을 넘어서 무의식적으로 간수들을 과도하게 자극하고 공격했던 것은 바로 이와 관련이 있다. 그는 과거에 "마치 게임을 하듯 아버지 말을 다 거역"했듯이 모의감옥 실험에서도 게임을 하듯 간수들의 말을 다 거역했던 것이다.

게다가 타렉은 비록 죄수복을 입고 있었으나 자존심 강한 인텔리

출신인 반면, 베루스는 간수복을 입고는 있으나 모범생처럼 직장생활을 하던 하류층 인물이었다. 그런 베루스가 단지 간수복을 입었다는 이유만으로 자기한테 이래라저래라 간섭하고 명령했으니, 타렉의 자존심이 그것을 용납할 리 없었다.

과거 한국에서 학생운동이 활발했던 시기에 노동운동을 하기 위해 공장에 위장취업─대학을 다녔거나 졸업한 학력을 숨기기 위해 다른 사람의 신분증으로 공장에 취업하는 것─ 했던 대학생들 중에는 생산직 노동자들을 함부로 대하는 관리자들에게 과도하게 화를 내는 사람들이 있었다. 실제로 나는 그들이 관리자를 마치 아랫사람 대하듯 내려다보면서 그들을 논리정연한 말로 제압하거나 은밀하게 보복을 하는 모습까지 본 적이 있다. 이렇게 그 당시의 위장취업자들이 관리자들에게 평범한 노동자들과는 확연히 다른 방식으로 민감하게 반응했던 것의 이면에는 인텔리로서의 우월감과 자존심이 얼마간 깔려 있었던 것도 부정할 수는 없다. '끽해야 전문대를 나왔을 뿐인 네가 감히 대졸인 나한테……' 하는 심리 말이다. 인텔리들이 푸른 작업복을 입게 되었다고 해서 그들의 심리가 노동자의 심리로 바뀌지는 않았던 것이다. 간수복을 입고 있는 베루스를 내려다보던 타렉의 시선이나 심리 역시 이와 크게 다르지 않았다.

결론적으로 말하자면 타렉은 마음속에 쌓여 있던 아버지에 대한 분노와 알량한 자존심 때문에 베루스를 비롯한 간수들에 대한 도발을 멈추지 못했던 것이다.

:: 위험한 심리적 게임

타렉에게 무시와 놀림을 당한 베루스와 간수들은 이제 본격적으로 배배 꼬여있던 마음을 드러내며 죄수들을 마구 학대하기 시작한다. 상황이 이렇게 급박하게 흘러가자 타렉은 두려움에 휩싸여 공황발작까지 일으킨다. 하지만 소령이 겨우 그를 진정시키자 타렉은 어이없게도 이렇게 중얼거린다. "어차피 게임인 걸……." 그의 말을 들은 소령은 정색을 하며 타렉에게 이렇게 충고한다.

"실제 상황이란 거 아직도 모르겠나?"

만일 죄수 집단에 타렉이 없었고 간수 집단에 베루스가 없었다면 모의감옥 실험의 결과는 달라졌을 가능성이 크다. 간수들과 죄수들 사이의 극단적인 대립과 갈등의 본질은 타렉과 베루스 사이의 위험한 '심리적 게임'이었기 때문이다. 가령 간수들을 "엿 먹였을" 때마다 타렉이 "우리가 이겼다", "너희들이 졌다"라는 식의 표현을 했던 것도 이런 맥락에서 볼 수 있다.

심리적 게임Psychological Game이란 타인과의 관계 속에서 자기의 욕구를 충족시키기 위해 습성화된 책략을 사용하는 무의식적이고 반복적인 게임 혹은 놀이이다. 이를 '게임' 혹은 '놀이'라고 하는 것은 마치 어린아이들이 욕구충족을 위해 장난을 하는 것처럼, 그것이 심리적 게임의 당사자가 가진 무의식적 욕구를 충족시켜주는 역할을 하기 때문이다. 이렇게 볼 때 타렉의 경우에는 아버지에게 반항하고 나아가 아버지를 공격하려는 무의식적 욕구, 베루스의 경우에는 자기를 모욕한 사람에게 보복하여 평소의 열등감을 보상하려는 무의식적 욕구를 모의감옥에서의 심리적 게임을 통해 충족시키려 했다고 말할 수 있다.

그러나 심리적 게임은 대부분 건강하지 못한 욕구나 책략에 바탕을 두고 있으므로, 상대방뿐만 아니라 본인에게도 심각한 고통을 안겨준다. 이것은 대체로 누군가와 어느 정도 거리를 두고 있을 때에는 괜찮다가 그와의 관계가 친밀해지면(혹은 가까와지면) 시작되는 편이다. 그리고 그것이 서로를 힘들게 만들어 결국에는 관계를 파탄시킨다.

모의감옥 실험은 실험 참가자들을 극단적인 상황으로 밀어넣었을 뿐만 아니라, 그 실험에 참가한 사람들 사이의 관계를 강하게 밀착시키기도 했다. 이것은 심리적 게임을 시작하기에 아주 적합한 조건을 제공했다. 그리하여 타렉이 어린 시절의 체험에 뿌리를 두고 있는 심리적 게임을 시작하자 베루스가 곧바로 그의 상대역으로 동참하게 되었고, 결국에는 사람들 대부분이 그 게임에 얽혀들게 되었던 것이다.

타렉과 베루스 사이의 갈등이 본질적으로 심리적 게임이었음을 보여주는 정황은 영화 속에서 자주 목격할 수 있다. 이를테면 날로 악화되는 상황을 지켜보던 이 실험의 책임자인 톤 박사가 이건 "베루스와 77번(타렉)의 권력싸움이야"라고 말했던 것, 소령이 "넌 그자(베루스)의 게임에 놀아난 거야. 결국 모두 위험해졌고"라고 하며 타렉을 비판했던 것, 영화의 결말 부분에서 베루스가 타렉을 칼로 찌르면서 "다 너 때문이야"라고 읊조렸던 것 등이 그렇다.

물론 모든 책임을 타렉과 베루스에게만 물을 수는 없다. 두 사람의 잘못된 행동에 적극적으로 제동을 걸기는커녕 그것에 동조했던 다른 사람들에게도 책임이 있기 때문이다. 이렇게 어떤 두 집단이 극단적인 갈등 상태에 있다면, 그 갈등의 강도가 클수록 마음이 병든 이들이 권력을 장악하기는 더 쉬워진다. 자기들의 병적인 행동, 과잉 행동을 집단을 위한 행동으로 그럴싸하게 포장함으로써 대중적 지지를 획득할 수 있는 가능성이 더 높아지기 때문이다. 과거에 히틀러가 대다수 독일인들의 지지를 얻을 수 있었던 것도 이와 어느 정도 관련이 있다.

간수들을 자꾸 도발하는 타렉을 다른 죄수들이 처음부터 적극적으로 제지하지 않았던 것은 그의 행위가 죄수들을 위한 것이라고 믿었기 때문이다.(물론 소령은 그의 행위가 어리석은 짓이며 궁극적으로 죄수들뿐 아니라 모든 실험 참가자들에게 나쁜 결과를 가져오리라는 것을 알았지만, 그는 군대로부터 실험을 관찰만 할 뿐 참여하지는 말라는 지시를 받았기 때문에 타렉을 적극적으로 제지하지 않았다.) 마찬가지로 다른 간수들이 초기에 베루스를 제지하지 않았던 것은 그의 행위가 간수들에게 도전하고 간수들의 통제권을 벗어나려는 죄수들을 제자리로 돌려놓기 위한 것으로 믿었기 때문이다.

한마디로 타렉은 죄수집단, 베루스는 간수집단을 위한다는 명분을 각각 내세웠기에 다른 이들이 초기에 그들을 제지하지 못했던 것이다. 시간이 흘러감에 따라 다른 죄수들이나 간수들은 타렉과 베루스가 좀 이상하다는 느낌을 받게 되었지만, 그때는 이미 발을 빼기에는 너무 늦었을 정도로 상황이 악화되어 있었다.

자, 그렇다면 우리는 어떤가. 마음이 건강하지 못한 인물을 빨리 간파할 수 있는 능력, 그리고 그런 사람들이 애초부터 권력을 잡지 못하게 제동을 거는 시스템을 갖고 있는가?

심리적 게임 (Psychological Game)

심리적 게임이란 타인과의 관계 속에서 자기의 욕구를 충족시키기 위해 습성화된 책략을 사용하는 무의식적이고 반복적인 게임 혹은 놀이를 말한다.

인간은 심리적 발달과정에서 원만하게 충족되어야 할 욕구들이 정상적으로 충족되지 못할 경우, 평생에 걸쳐 그러한 결핍욕구를 충족시키려고 시도하는 경향이 있다. 예를 들면 어린 시절 부모의 사랑을 받지 못해 애정결핍이 심하고, 그로 인해 부모의 관심을 끌기 위해 주로 몸이 아픈 것으로 부모와 게임을 했던 아이는 그런 욕구와 책략을 그대로 유지한 채 사회생활을 시작하게 된다.

통상적으로 건강하지 않은 욕구와 책략은 사회에 의해 거부되므로 그는 공식적인 사회관계에서는 그런 책략을 거의 사용하지 않지만, 누군가와 가까운 관계 속에 들어가거나 적절한 환경이 조성될 때에는 그것이 전면적으로 되살아날 수 있다. 다시 말해 그가 연인과의 긴밀한 관계, 심리치료자와의 치료관계, 모의감옥 실험 같은 데서 체험할 수 있는 극단적인 대인관계 등에 놓이게 되면, 해결되지 못한 결핍욕구와 과거의 습성화된 책략이 전면화되어 몸이 아파지는 게임을 다시 시작하게 된다는 것이다.

주로 어린 시절에 형성된 무의식적인 결핍욕구와 그것을 실현하기 위해 사용했던 습성화된 대인관계 책략이 만들어내는 심리적 게임은 쉽게 포기할 수 없는 종류의 것이다. 이 때문에 심리적 게임은 사회생활 과정에서는 잠복해 있다가 사적 영역이나 위기상황에서 극적으로 되살아나곤 한다.

감정의
대결

대체로 사람들은 동일한 대상에 대해 이런저런 양가감정을 갖기 마련이다. 양가감정은 기본적으로 정상적인 심리상태에 속한다고 할 수 있다. 그러나 반대되는 여러 감정의 크기가 서로 엇비슷해 그것들이 팽팽히 맞서게 될 경우에 양가감정은 정신건강을 위협할 수 있다. 예를 들면 아버지를 사랑하는 감정과 증오하는 감정의 크기가 비슷할 경우에는 애증의 감정으로 고통을 겪을 수 있으며, 그것이 무의식적으로 억압되어 있을 경우에는 극심한 혼란을 겪을 수 있다.

 트라우마

자기를 용서하는 법
박하사탕(1999)

:: "나 다시 돌아갈래!"

1999년 봄, 한 남자가 철교 밑의 강가에 드러누워서 하늘을 물끄러미 바라보고 있다. 그의 눈에는 눈물이 그렁그렁 맺혀 있다. 그는 자리에서 일어나 '가리봉 동우회' 회원들이 20년 만에 만나 야유회를 하는 자리에 불쑥 끼어든다. 20년 만에 옛 친구들 앞에 나타난 영화 〈박하사탕〉의 주인공 김영호는 사람들의 인사를 받는 둥 마는 둥 한다. 그러더니 미친듯이 노래를 불러대고 춤을 추다가 강물로 뛰어들어 고함을 지르는 등 괴상한 행동을 한다. 그리고는 혼자서 철교 위로 올라가 기차가 지나다니는 철로 한가운데에 선다. 친구들의 만류에도 꿈쩍하지 않던 김영호는, 자기 눈앞으로 기차가 돌진해오자 하늘을 향해 두 팔을 벌린 채 눈물을 흘리면서 이렇게 절규한다.

"나 다시 돌아갈래!"

생의 마지막 순간, 그는 어느 시절로 돌아가기를 원했던 것일까?
영화는 마치 그의 소원을 들어주기라도 하듯이 과거로 시간을 거슬
러 올라가며, 김영호의 지나온 인생을 차례차례 보여준다.

그가 달리는 기차에 몸을 던진 그곳은 1979년 가을, 야학 교사 김
영호가 동료 교사들과 야학에 다니는 노동자들을 데리고 함께 소풍
을 왔던 추억의 장소이다. 그 당시 그는 세상 사람들의 주목을 받지
못하는 이름 없는 꽃들을 좋아하는 착하고 순수한 청년이었다. 그는
자기의 첫사랑이었던 노동자 윤순임에게 이런 말도 하기도 했다.

"나중에 사진을 찍고 싶어요. 사진기 매고서 이런 이름 없는 꽃을 찍
으며 다니고 싶어요."

윤순임이 미소를 지으며 김영호에게 박하사탕을 하나 건네주자,
그는 박하사탕을 좋아한다고 말하면서 그녀에게 꽃을 한 송이 꺾어
주었다. 순수한 두 남녀 간의 풋풋한 사랑의 향기가 퍼져나가던 그
날에도 김영호는 철교 밑의 강가에 드러누워 하늘을 물끄러미 바라
보고 있었다. 그때도 그의 눈에는 눈물이 그렁그렁 맺혀 있었다. 하
지만 그것은 영화의 첫 장면에 나오는 김영호의 눈에 고여 있던 눈
물과는 다른 것이었다. 그것은 세상과 삶의 아름다움에 감사하고 감
탄하는, 행복에 겨운 눈물이었다.

:: 잘못 들어선 길의 끝

1984년 가을, 신입 경찰이었던 김영호는 공단 근처의 경찰서에 근무하고 있다. 그는 그때까지만 해도 고참 형사들이 노동자를 고문하는 장면을 보면 괴로워하는 선량한 마음을 가지고 있었지만, 어느 날 고참 형사들의 압박에 못이겨 거의 반쯤 정신이 나간 상태에서 노동자를 고문하고 만다. 취조실에서 나온 그는 넋이 나간 듯한 얼굴로 화장실에서 손을 벅벅 씻는다. 그의 손에는 고문을 받던 노동자가 고통에 겨워 싼 대변이 묻어 있었기 때문이다.

바로 그날, 그는 먼 곳에서 자기를 찾아온 윤순임을 공단 근처의 한 단골 식당에서 만난다. 그녀는 과거에 야학 교사까지 했던 김영호가 왜 갑작스레 경찰이 되었는지를 에둘러 묻는다.

"영호 씨 고향 식구들이 영호 씨가 왜 경찰이 됐는지 모르겠대요."

그리고 김영호의 손을 쳐다보던 윤순임은 그의 손이 참 착하게 생겼다면서, 자기는 옛날부터 "이런 손을 가졌으니 마음도 참 착하겠다"라는 생각을 했다고 말한다. 그녀의 말은 아마도 '당신은 본바탕이 착한 사람이니 예전의 김영호로 돌아와달라'라는 호소였을 것이다. 하지만 이미 자기의 손뿐만 아니라 마음까지도 더러워졌다고 생각하게 된 김영호는 허탈하게 웃고는 노동자의 대변이 묻었던 손을 들어 보이며 이렇게 대답한다.

"맞아요. 내 손 참 착해요."

김영호는 그녀가 보는 앞에서 훗날 자기의 아내가 되는 공단식당 아가씨의 다리를 일부러 만지작거린다. 그리고 그녀가 선물로 가져 왔던 카메라를 윤순임이 기차에 타는 순간 되돌려준다. 그렇게 그는 첫사랑을 야멸차게 떠나보내고는 그 상처를 달래기 위해 마음에도 없는 여성과 결혼을 한다.

1987년 봄, 김영호는 아무런 거리낌없이 대학생들을 고문하는 악 질 경찰이 되어 있다. 이미 그의 마음은 아내가 출산했다는 소식을 듣고도 병원에 가보지 않고 계속 고문을 하다가, 회식자리에 가서 아 무렇지도 않게 술을 마시고 놀 정도로 비뚤어져 있다. 그는 가혹한 고문 끝에 동료의 거처를 자백하고는 괴로움에 겨워 흐느끼고 있는 대학생에게 뜬금없이 이렇게 묻기도 한다. "네 일기장에 '삶은 아름 답다' 라는 문구가 있던데, 정말 그렇게 생각해?" 김영호가 이런 질 문을 던진 것은 그에게는 삶이 더는 아름답지 않아서였을 것이다.

1994년 여름, 김영호는 경찰 일을 그만두고 가구점을 운영하며 주식투자 등으로 재산을 불리는 데 혈안이 된 '김사장' 이 되어 있 다. 그는 이제 아내가 다른 남자와 바람을 피우는 불륜현장을 급습 해 그녀를 마구 구타한 다음, 그날 저녁에 자기 사무실의 여직원과 부적절한 관계를 맺을 정도로 타락해 있다. 마음에 없는 여성과 결 혼한 데다 아무 노력도 하지 않으니 아내에 대한 김영호의 감정은 점점 돌이킬 수 없이 악화되었고, 그는 결국 처자식을 두고 집을 나가버리고 만다.

1999년 봄, 사업이 망해 알거지가 된 김영호는 이제 빗물이 줄줄 새는 비닐하우스에 기거하고 있다. 비빌 언덕이 필요했던지라 용기를 내어 집에 찾아가기도 했지만, 그는 딸을 만나지도 못하고 심지어 문 안쪽에도 발을 들여놓지 못한 채 쫓겨난다. 김영호는 수중에 남아 있던 돈을 탈탈 털어서 권총을 하나 구한다. 그가 권총을 구한 이유는 불쑥 찾아온 윤순임의 남편에게 했던 다음 대사에 잘 나타나 있다.

> "나 혼자 죽기는 너무너무 억울해서 딱 한 놈만 내 저승길에 같이 동행하려고. 내 인생 이렇게 망쳐놓은 놈들 중에서 딱 한 놈. 근데 말이야. 어떤 놈을 죽일까, 그것 참 고민되더라."

인생의 막다른 골목길에 들어서게 된 김영호는 자살하려고 했지만, 자기의 인생이 망가진 것이 온전히 자기 책임만이라고는 생각하지 않았던 모양이다. 그래서 그는 누군가를 한 명 죽임으로써 자기 인생을 망쳐버린 세상에 앙갚음하고자 했다. 그를 잘못된 인생길로 들어서게 한 세상의 잘못은 무엇이었을까?

:: 자기처벌로 점철된 삶

젊은 시절에는 착하고 순수한 야학 교사였던 김영호의 인생은 언제

부터, 무엇 때문에 잘못되기 시작했을까? 그 비밀의 열쇠를 풀어주는 사람은 우선 윤순임이다.

비가 내리는 날, 비닐하우스로 김영호를 찾아온 그녀의 남편은 죽어가고 있는 윤순임이 김영호를 만나고 싶어 한다고 말한다. 김영호는 윤순임의 남편이 사준 양복으로 갈아입고, 시장에서 박하사탕 한 봉지를 사 들고는 그녀가 투병 중인 병원으로 향한다. 군복무 시절, 윤순임은 위문편지를 보낼 때마다 김영호가 좋아하던 박하사탕을 항상 동봉했고 그는 그 사탕들을 소중하게 모아두곤 했다. 이렇게 그들의 소중한 추억이 스며들어 있는 박하사탕과 함께 20여 년 만에 재회하지만, 얄궂게도 바로 그날 새벽부터 윤순임은 의식 불명 상태였다.

비록 자기를 알아보지도 못하지만, 김영호는 병원 침대 위에 누워 있는 윤순임에게로 몸을 숙이고는 눈물을 흘리면서 이렇게 말한다.

"미안해요, 순임 씨."

그의 진심어린 말을 알아들은 것일까? 의식불명 상태인 순임의 눈에서는 한줄기 눈물이 흘러내린다.

윤순임의 남편은 병원의 계단을 힘없이 내려가는 김영호를 뒤따라와 아내가 전해달라고 부탁했다면서 그에게 카메라를 건네준다. 1984년 초짜 경찰이었던 그에게 선물하려고 윤순임이 열심히 돈을 모아 어렵사리 장만했던 바로 그 카메라였다. 그날 밤, 김영호는 술을 마시면서 대성통곡한다. 김영호는 왜 윤순임을 마음 속 깊이 사랑했으면서도 그녀를 거부했던 것일까?

그의 인생을 온통 뒤틀리게 한 문제의 시발점은 1980년 5월 광주 민중항쟁에 있었다. 1980년, 김영호가 소속되어 있던 부대는 시위대를 진압하기 위해 광주로 투입된다. 어느 날 시위대를 추적해서 검거하곤 하던 중 발에 총상을 입어 부대에서 낙오된 김영호 앞에 한 여학생이 나타난다. 그녀는 고모네 집에 갔다가 집으로 돌아가는 중이라면서 그에게 살려달라고 애원한다. 원래 악질적이고 난폭한 사람이 아니었던 김영호는 여학생을 보내주려 한다.

"빨리 가. 군인들한테 들키면 큰일 나니까."

그러나 주변에서 다른 군인들이 몰려오는 소리가 나자 여학생은 그만 겁에 질려 자리에서 움직이지 못한다. 김영호는 그런 그녀를 도망치게 하기 위해 어둠을 향해 총을 발사하는데, 그가 쏜 총알에 그만 그 여학생이 맞는 비극적인 사건이 벌어진다. 충격에 빠진 김영호는 그녀에게로 엉금엉금 기어가 시신을 껴안은 채 하늘을 향해 울부짖는다.

김영호는 1980년 광주에서의 그 사건을 잊을 수가 없었다. 이런 충격적인 사건을 겪고 나서 흔히 생기는 병을 심리학에서는 외상 후 스트레스 장애PTSD라고 한다. 영화에서는 그가 전형적인 PTSD 환자인지 그렇지 않은지 분명히 드러내지 않았지만 그 사건, 그리고 그로 인해 생긴 마음의 병이 그의 인생을 송두리째 뒤바꾸었다는 것만큼은 분명하다. 그는 아무 죄도 없는 여학생을 죽였다는 죄의식, 나아가 자신이 반대했던 군사독재의 하수인이 되어 시민항쟁을 진압했다는 죄의식에서 벗어날 수가 없었던 것이다.

김영호는 사고가 있던 날 밤, 여학생이 자기한테 다가올 때 순간적으로 그녀를 윤순임으로 착각하기도 했다. 어쩌면 그는 또 다른 윤순임이라고도 할 수 있는 그 무고한 여학생을 죽였다는 죄의식 때문에 윤순임의 사랑을 거부했을지도 모른다. 또 자기 같은 죄인은 윤순임 같은 착한 여자의 사랑을 받을 자격이 없다고 생각했을지도 모른다. 하지만 김영호는 그녀를 깊이 사랑했기에 자기의 잘못된 선택을 두고두고 후회했을 것이다. 윤순임과 헤어지고 나서 마치 미친 사람처럼 난동을 부린 데에서 알 수 있듯이, 그것은 그에게 깊은 상처로 남지 않았을까?

상당수의 PTSD 환자는 사고 등에서 자기 혼자 살아남았다는 죄책감으로 인해 스스로를 학대하거나 처벌하는 경향이 있다. 큰 죄를 지은 사람 역시 절대로 용서받을 수 없는 죄를 지었다는 죄책감으로 자기를 혐오하면서 스스로를 가혹하게 학대하고 처벌하는 경향이 있다. 이에 비추어볼 때, 김영호가 과거에 자신이 경멸해 마지않던 독재정권의 하수인이나 타락한 속물이 되었던 것은 스스로를 쓰레기 같은 인간으로 취급하고픈 병적인 심리 때문이었다고 할 수도 있다. 그는 스스로가 너무 미워서 자기학대나 자기처벌을 하지 않고는 견딜 수가 없었던 것이다. 이러한 그의 심리는 술집 화장실에서 거울 속에 비친 자기를 향해 엿 먹으라는 포즈를 반복적으로 취하는 모습에서 단적으로 드러난다.

:: 마음의 병을 치유하지 못한 대가

나쁜 길에 한 번이라도 발을 들이면 그 길에서 빠져나오기가 매우 힘들어진다. 그것은 '이왕 버린 몸, 막 굴린다 한들 오십 보 백 보

아니냐' 라는 식의 자포자기적 심리와 '나 같은 놈은 쓰레기처럼 살아야 마땅해' 와 같은 자기학대 및 자기처벌적 심리 때문이다. 그렇기 때문에 장차 더 많은 죄를 짓게 되기 전에 처음 지은 죄부터 철저히 반성해야만 하며, 김영호처럼 고의가 아닌 실수로 죄를 지었을 경우에는 심리치료 등을 통해 자기를 그만 용서해야 한다. 그래야만 나쁜 길로 계속 나아가지 않고 되도록 빨리 탈출할 수 있다. 그러나 안타깝게도 1980년대를 살아갔던 많은 이들이 대부분 그러했듯이, 김영호에게는 치유의 기회가 주어지지 않았다.

김영호가 마음의 병을 치유하지 못한 대가는 너무나도 컸다. 그는 아무렇지도 않게 고문을 하는 악질경찰이 되었고, 아내 몰래 바람을 피웠고, 잔뜩 돈독이 오른 부도덕한 속물이 되었다. 처음부터 잘못 들어선 길의 끝이 좋을 리가 없다. 김영호는 사업이 망하고 가정까지 파괴되는 막다른 절벽 앞에 다다르게 되었고, 마침내 그동안 자기가 잘못된 길로 걸어왔다는 사실을 분명하게 깨닫게 되었다. 그리고 자기가 나쁜 길로만 걸어왔던 이유가 죄를 지은 자기를 처벌하기 위해서였음을 어렴풋이나마 자각하게 되었다. 그래서 그는 죄를 짓지 않았던 시절, 행복했던 시절인 1979년의 소풍날로 되돌아가 다시금 인생을 출발할 수 있게 되기를 열망하게 되었던 것이다.

1980년대의 군사독재정권은 광주민중항쟁의 가해자와 피해자, 나아가 그 시대를 살아가던 모든 사람들의 행복한 삶과 정신건강을 여지없이 짓밟아버렸다. 영화 〈박하사탕〉은 국가적 악행과 폭력이 선량한 이들의 삶을 일거에 짓밟을 뿐만 아니라 긴 세월에 걸쳐서

서서히 무너뜨릴 수도 있음을 생생하게 보여주고 있다. 불의가 지배하는 세상은 김영호만이 아닌 무수히 많은 사람들의 아름다운 삶을 무참히 파괴하는 주범이었던 것이다.

 ## 외상 후 스트레스장애(Post Traumatic Stress Disorder, PTSD)

전쟁, 고문, 자연재해, 사고 등의 충격적인 사건을 경험한 후 그 사건에 대해 공포감을 느끼고 그 사건을 계속 재경험하면서 고통을 느끼곤 하는 질환을 일컫는다. 당연히 PTSD 환자는 그 고통에서 벗어나기 위해 끊임없이 에너지를 소비하게 될 것이다.

PTSD의 주된 증상은 꿈 등을 통해서 충격적인 과거의 사건을 반복적으로 재경험하고, 그것과 관련된 상황 및 자극을 회피하려는 행동을 보이는 것이다. 이 질환은 사건 발생 후 한 달, 심지어는 1년이 경과된 후에 시작될 수도 있다. PTSD 환자는 해리현상이나 공황발작을 경험할 수도 있고, 환청 등의 지각 이상을 경험할 수도 있다. 연관 증상으로 공격적 성향, 충동조절 장애, 우울증, 약물 남용 등이 나타날 수 있고, 집중력 및 기억력 저하 등 인지기능의 문제가 나타날 수도 있다. 그 증상이 무엇이든 간에 PTSD는 정상적인 사회생활을 해나가는 데 부정적인 영향을 끼칠 수밖에 없다.

양가감정

아버지와 어떻게 화해할 것인가
대부(Godfather, 1972)

:: 원칙 있는 마피아 두목

영화 〈대부〉의 주인공 돈 꼴레오네는 1940년대 중반 미국에서 이탈리아 시실리 출신들로 구성된 마피아 패밀리를 이끌고 있는 두목이다. 마피아 패밀리란 물리적 힘을 이용해 돈을 버는 일종의 조직폭력배 집단이라고 할 수 있다. 쉽게 말하자면 자기들이 장악한 구역의 상인들에게 보호비 명목으로 돈을 갈취하고, 청탁을 받아 폭력을 행사하는 식이다. 그런데 그는 경제적 이익을 우선시하면서 금전적인 포상과 가혹한 처벌—흔히 상벌원칙이라고 한다—을 조직운영의 기본 방식으로 사용하던 평범한 마피아 두목들과는 좀 달랐다. 그는 자기만의 독특한 원칙을 가지고 패밀리를 이끌고 있었다.

꼴레오네는 정치인, 판사, 경찰, 기자 등과 결탁하거나 그들을 장악해 정치적인 영향력을 발휘하는가 하면, 자기 패밀리 밖의 세상에서는 밀수, 도박, 매춘, 살인, 부정한 청탁행위 등 온갖 나쁜 짓을 눈하나 깜짝하지 않고 저질렀다. 하지만 자기의 패밀리 구성원들만큼은 변함없는 우정과 신의로 대하여, 그들로부터 커다란 신뢰와 존경을 받고 있었다. 꼴레오네가 패밀리를 운영하는 데 있어 돈이나 단기적인 이익보다는 우정과 신의를 더 중시했음은 다음의 일화에서 엿볼 수 있다.

꼴레오네 딸의 결혼식 날, 평소에는 일부러 그를 멀리했던 보나세라는 사람이 찾아온다. 자기 딸을 겁탈하려다 여의치 않자 폭행해 얼굴을 망가뜨린 두 명의 남자에게 복수해달라고 청탁하기 위해서였다. 보나세라는 꼴레오네에게 오기 전에 그들을 경찰에 고소했으나, 유능한 변호사를 고용할 수 있었던 두 사람은 법정에서 집행유예 3년형을 선고받아 풀려나고 말았다. 그래서 그는 평소 같았으면 찾지 않을 꼴레오네를 만나러 온 것이다. 보나세라는 정의를 위해서라고 호소해보기도 하고, 돈을 더 내겠다고도 하면서 딸을 폭행한 두 남자를 죽여달라고 부탁을 하지만 꼴레오네는 "그건 할 수 없소"라고 말하며 거절한다. 보나세라는 자기가 제안한 돈의 액수가 부족해서 그런가 싶어 꼴레오네에게 다시 "얼마면 되겠습니까?"라고 묻는다. 그러자 꼴레오네는 불쾌한 표정을 지으면서 이렇게 대꾸한다.

"보나세라, 이 친구야. 내가 어떻게 했길래 나에게 이렇게도 불경한 건가? 자네가 우정으로 왔다면 놈들은 당장 죽어 없어질 것이다. 자네에게 적이 있다면 바로 나의 적이 될 테니, 자네를 건들지 못하지."

꼴레오네는 자기와 인척관계였던 보나세라를 패밀리의 한 구성원으로 간주하고 있었다. 그런 그였기에 보나세라가 패밀리의 대부인 자기한테 존경심을 표하지도 않고, 또 우정을 걸며 부탁하지 않는데 기분이 상했던 것이다. 꼴레오네의 말을 들은 보나세라가 겨우 눈치를 채고는 "친구가 돼주십시오. 대부님"이라고 하며 머리를 숙여 그의 손에 키스하자, 꼴레오네는 "좋아"라고 말하고 그의 청을 흔쾌히 들어준다. 이처럼 꼴레오네는 적어도 자기의 패밀리 구성원들에게는 돈이나 이익이 아닌 우정과 신의로 대하는 리더였다. 그의 조직운영 방식은 비록 마피아들 사이에서만 통용되는 것이었지만 거창하게 말하자면 인륜과 도덕에 의거하는 것이었으며, 소박하게 말하면 가족주의적인 방식이라고 할 수 있다.

조직을 운영할 때 눈앞의 경제적 이익이 아닌 우정, 신의 등을 앞세우면 어떻게 될까? 당연히 조직 내에는 경제적 손익을 중심으로 하는 사무적인 관계가 아닌 사랑과 의리 등을 중심으로 하는 도덕적이고 가족적인 관계가 형성될 수 있다. 이런 조직운영 방식은 얼핏 보기에는 이익을 내지 못하는 직원을 계속 쓰는 기업의 경우처럼 조직을 비합리적으로 만들고, 조직 전체의 이익을 극대화하기에도 불리할 듯하다. 그러나 나름대로 강점이 있다.

이를테면 이런 것이다. 만약 조직의 지도자가 경제적 이익을 중시하여 돈을 잘 버는 조직원은 우대하고 그렇지 못한 조직원은 냉대하는 식으로 대하면, 그들은 지도자가 자기들에게 이익을 제공해주는 한에서만 복종할 것이다. 역으로 말해 조직의 지도자가 더는 자기들에게 경제적 이익을 제공해주지 못하거나 그의 처벌을 피할 수 있다고 판단되면, 그들은 조직을 쉽게 저버리거나 배신할 수도 있다. 반면에 조직의 지도자가 단순한 경제적 이익이나 업무능력이 아니라 우정과 신의를 중심으로 조직원들을 대하면 그들은 지도자에게 기꺼이 충성을 바친다. 나아가 그들은 조직의 지도자가 자기들에게 더이상 경제적 이익을 제공해주지 못하는 상황에 처하더라도 그를 쉽게 저버리거나 배신하지 않는다.

외부에서 보기에는 그저 독재자나 깡패 두목에 불과한데 어떤 상황에서도 그에게 변함없는 충성을 바치는 부하들을 간혹 본 적이 있을 것이다. 그것은 그들의 두목이 최소한 자기 측근들에게만큼은 우정과 신의를 바탕으로 가족처럼 대했기 때문일 것이다. 일반적으로 가족은 끈끈한 유대관계와 결속력을 지니며, 시련이 닥쳐와도 쉽게 해체되지 않는다. 가족관계란 돈이나 처벌이 아니라 사랑과 도덕에 의해 맺어진 것이기 때문이다. 마찬가지로 꼴레오네가 패밀리를 대가족처럼 운영했던 것도 조직원들의 자발적인 단결과 충성심을 확보하는 데 크게 이바지했을 것이다.

이처럼 카리스마 넘치는 마피아 패밀리의 지도자로서 조직원들에게 존경과 신뢰를 받고 있던 꼴레오네였지만, 그에게도 시련과 위기는 닥쳐왔다. 시련은 어느 날 타탈리아 패밀리의 지원을 받고 있던 솔로조라는 인물이 정치적 인맥이 풍부했던 꼴레오네에게 자기의 마약 사업을 도와달라고 부탁하면서 시작되었다. 마약의 해독성과 마약 사업에 대한 정치인과 경찰의 거부감을 잘 알고 있던 콜레오네는 그의 제안을 거절했고, 이에 앙심을 품은 솔로조가 꼴레오네를 살해하기 위해 괴한들을 고용해 총탄세례를 퍼부었던 것이다. 그는 결국 위급한 상태로 병원에 실려가게 되었다.

:: 능력 없는 지도자

강력한 카리스마로 조직을 이끌던 두목이 갑자기 쓰러지자 꼴레오네 패밀리에게는 커다란 시련이 닥쳤다. 누군가 그를 대신해서 위기에 빠진 패밀리를 이끌어야만 했다. 꼴레오네에게는 세 명의 아들이 있었는데, 첫째인 소니(산티노), 둘째인 프레도, 셋째인 마이클이 그들이었다. 그런데 첫째 아들인 소니는 그다지 영민하지 못한 데다 감정통제를 잘하지 못한다는 치명적인 단점까지 가지고 있었다. 둘째 아들 프레도는 첫째인 소니보다 더 아둔하고 유약해서 애초부터 패밀리를 이끌 만한 인물이 못되었다. 이에 비해 셋째인 마이클은 가장 그릇이 크고 능력도 뛰어났으나 그때까지만 해도 그는 패밀리를 멀리하려 했고, 꼴레오네 역시 마이클만큼은 국회의원이나 주지사와 같은 합법적인 직업을 갖기를 바랐다. 이 때문에 위기에 처한 꼴레오네 패밀리의 지도자는 장남인 소니가 맡게 되었다.

단순하고 불같은 성품을 가지고 있던 소니는 지도자의 자리에 오르자 복수심과 공명심에 불타 다른 마피아 조직들과 전면전을 벌이려 했다. 그러나 주변의 만류로 겨우 그만두었는데, 놀랍게도 그때까지 패밀리의 일에 전혀 관여하지 않았던 마이클이 솔로조에 대한 복수를 하겠다고 자청했다. 그는 주도면밀한 계획을 세워 솔로조와 그를 경호하던 경찰 반장을 쏴죽이고는 곧장 시실리로 도피했다.

마이클 덕분에 아버지를 죽이려 했던 솔로조에 대한 복수는 끝났지만, 소니는 패밀리를 제대로 이끌지 못했을 뿐만 아니라 결함이 많은 성품 탓에 얼마 후 죽음을 맞고 말았다. 한 번은 그의 여동생이 남편에게 심하게 폭행을 당하자 그 남편을 죽도록 패준 일이 있었다. 그 일로 소니의 매부(여동생의 남편)가 앙심을 품게 되었는데, 그런 그를 다른 마피아 패밀리에서 포섭해 소니를 살해할 계획을 세운 것이다. 그들은 소니의 매부가 또다시 자기 아내를 폭행하면 성정이 불같은 소니가 앞뒤 재지 않고 그녀에게 달려갈 것이라 예상했다. 이런 예상은 적중하여, 여동생이 또다시 폭행당했음을 알게 된 소니는 경호원도 없이 혼자서 차를 몰고 가다가 매표소에 매복해있던 괴한들의 총에 맞고 말았다.

:: 아버지에 대한 양가감정

큰형인 소니가 살해당한 후 집으로 돌아온 마이클은 연로하고 지친 아버지의 뒤를 이어 꼴레오네 패밀리를 이끌기로 결심한다. 아버지의 원수인 솔로조를 죽이기 전까지만 해도 마이클은 패밀리의 일에 일절 관여하지 않고 멀리하려 했었다. 그랬던 그가 왜 갑자기 패밀리를 이끌기로 결심한 것일까?

영화의 후반부에는 꼴레오네가 사망하기 직전에 마당에서 숨바꼭질을 하면서 어린 손자와 놀아주는 장면이 나온다. 여기에서 그는 편안하고 자상한 할아버지의 모습을 유감없이 보여주고 있는데, 이로부터 우리는 그가 어린 마이클에게도 그런 아버지였으리라는 것을 미루어 짐작할 수 있다. 꼴레오네는 또한 편애라고 해도 무리가 아닐 정도로 마이클을 극진히 사랑했다. 딸의 결혼식에서 가족사진을 찍으려 할 때 아직 마이클이 도착하지 않자, 그가 주변의 요청에도 불구하고 "마이클이 없으면 사진 안 찍는다"고 말했던 것만 봐도 그렇다. 꼴레오네는 이렇게 마이클에게는 아들을 사랑하는 좋은 아버지였기에 그 역시 아버지를 깊이 사랑하고 있었을 것이다.

그럼에도 마이클은 조폭 두목이었던 아버지를 존경할 수는 없었을 것이다. 어렸을 때는 몰랐겠지만 나이가 들어 아버지의 일을 알게 되면서, 마이클은 아버지를 부끄러워하게 되고 나아가 원망하게 되었을지도 모른다. 아무리 자기와 가족들한테 잘 해주더라도 아버지는 사회의 암적인 존재라고 할 수 있는 범죄자가 아닌가. 마이클이 패밀리를 멀리했던 것은 이 때문이었을 것이다. 결론적으로 말해 마이클은 아버지에게 상반되는 감정, 즉 양가감정을 가질 수밖에 없는 아들이다. 한편으로는 아버지를 사랑하면서도 다른 한편으로는 증오하는······.

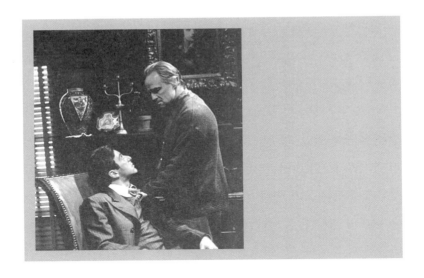

양가감정이란 무엇인가? 어떤 사람들은 양가감정을 무턱대고 나쁜 것으로 간주하기도 하는데, 실제로는 그렇지가 않다. 왜냐하면 양가감정 중에는 정상적인 양가감정도 있고 악성 양가감정도 있기 때문이다. 사람들은 연인이나 배우자에 대해서도 온전히 사랑의 감정만 느끼는 게 아니라 때로는 증오의 감정을 느끼기도 한다. 여기서 한쪽 감정이 다른 쪽 감정을 압도하고 있는 양가감정을 '정상적인 양가감정'이라고 한다. 예를 들면 어떤 사람에게 연인에 대한 사랑의 감정이 80이고 증오의 감정이 20이 있다면 그런 양가감정은 정신건강에 그다지 해가 되지 않는다. 그는 기본적으로 연인을 사랑하는 사람이라고 말할 수 있다.

반면에 상반되는 감정의 크기가 비슷해서 두 감정이 서로 팽팽히 맞서고 있는 양가감정이 있다. 이를 '악성 양가감정'이라고 한다.

예를 들면 아버지를 사랑하는 감정이 50이고 증오하는 감정도 50일 경우 자식들은 사랑과 증오, 즉 애증 사이에서 갈팡질팡하면서 괴로움을 겪게 된다. 이때의 악성 양가감정은 사람의 정신건강에 몹시 해롭다. 프로이트가 정신병의 원인으로 악성 양가감정의 결과인 '심리적 갈등'을 지목했던 것도 이와 관련이 있다.

그렇다면 아버지에 대한 마이클의 양가감정은 어떤 것이었을까? 그것은 해결이 불가할 정도의 심리적 갈등을 유발하는, 서로 팽팽히 맞서고 있는 악성 양가감정이었을까? 아니면 한쪽의 감정으로 다른 쪽 감정을 다스릴 수 있는 정상적인 양가감정이었을까? 결론부터 말하자면 마이클의 양가감정은—아버지가 총에 맞는 사건을 겪으며 증오의 감정이 줄어들거나 억압되어 사랑의 감정이 우세해졌을 가능성을 배제할 수는 없지만— 후자였다. 즉 그는 아버지에 대한 증오의 감정보다는 사랑의 감정이 훨씬 더 컸던 아들, 아버지를 사랑하는 아들이었다. 이는 병원에 입원해 있던 아버지에 대한 태도에서 단적으로 드러난다. 그는 침대에 누워 사경을 헤매고 있던 늙은 아버지를 향해 이렇게 말한다.

"이제 괜찮아요. 제가 보호해 드릴게요. 제가 곁에 있을게요. 아버지 곁에요."

이 말을 하고 나서 마이클은 아버지의 머리를 쓰다듬고는 손등에다 키스하는데, 꼴레오네는 그런 아들을 쳐다보면서 흐뭇하게 미소

짓는다. 이렇게 마이클이 패밀리를 이끌겠다는 결심을 한 것은 자기마저 패밀리를 외면하면 그 누구도 아버지를 지켜줄 수가 없기 때문이었다. 그는 형인 소니처럼 으스대기 위해서나 권력을 잡기 위해서가 아니라 아버지를 저버릴 수가 없어서 마피아 패밀리의 대부가 되었던 것이다.

:: 어떻게 화해할 것인가

한국의 남성들 중에는 아버지에 대한 양가감정으로 이런저런 마음고생을 하는 이들이 참 많다. 한국의 아버지들이 사회생활에서 받은 스트레스를 아들에게 잘못 분출하는 경우가 많은 데 비해 감정표현이나 소통에는 취약한 편이기 때문이다. 그러다 보니 생각보다 훨씬 많은 아들들이 아버지를 사랑하는 동시에 증오하는 양가감정으로 신음하곤 한다. 이런 양가감정은 어떻게 해결할 수 있을까? 대체로 양가감정을 해결하기 위해, 즉 아버지와의 화해하기 위해서는 두 가지 전제조건이 필요한 것 같다. 하나는 '이해'—여기서 이해란 아버지의 잘못까지 맹목적으로 수용하고 추종하는 것을 뜻하지는 않는다—이고, 다른 하나는 '아버지의 사랑을 재확인하는 것'이다.

사실 나만 하더라도 어릴 때는 아버지의 삶을 온전히 이해할 수가 없다. 단지 아버지가 어린 영혼에게 가하는 고통과 상처만이 크게 부각되곤 했을 뿐이다. 고백하건대 나도 어린 시절에는 주사가 심해

가족들을 힘들게 만들었던 아버지에 대한 증오심이 만만치 않았다. 내가 공부를 게을리 했던 중요한 이유 중 하나도 틈만 나면 일류대학에 가겠다는 약속을 하라고 강요한 아버지에 대한 반항심 때문이었던 것 같다. 그러나 머리가 커지고부터는 초등학교 시절에 병을 앓아 한쪽 손과 다리에 장애가 생겨버린 아버지의 고통과 애환을 조금씩 들여다볼 수 있게 되었다. 그런 불편한 몸으로 가족을 먹여 살리기 위해 고군분투하신 아버지에 대한 고마움도 새삼 느꼈다고 할까? 한마디로 아버지의 고단한 삶을 이해할 수 있게 된 것이다. 그러면서 아버지가 나를 사랑해주었던 갈피갈피의 기억들이 새롭게 피어올랐고, 아버지를 용서하고 화해할 수 있게 되었다.

그 시점이 서로 다를 수는 있어도 한국의 아들들이 아버지와 화해하는 과정은 대체로 이와 유사한 듯하다. 즉 인격적으로 성숙해지면서 아버지의 삶을 이해하게 되고, 아버지가 자기를 사랑했음을 재확인하는 과정을 통해 양가감정을 해결해나가는 것이다.(물론 이것은 동시에 아버지의 잘못이나 과오와 과감히 결별하는 과정이어야 한다.) 이런 점에서 아들을 거의 사랑하지 않았던 아버지와의 화해란 매우 어렵지 않을까 하는 생각도 든다.

다시 마이클에게로 돌아가 보자. 마이클은 아버지에 대한 양가감정을 성공적으로 해결할 수 있었을까? 결론부터 말하자면 마이클이 패밀리의 후계자가 되었다고 해서 그것이 아버지에 대한 양가감정, 그러니까 사회에서 지탄받는 범죄자 아버지를 둔 아들이 갖는 심리적 문제 등을 근원적으로 해결해주지 못했다는 것이다.

대체로 자기를 진심으로 사랑해주기는 했지만 사회적으로 떳떳하지 못한 아버지를 둔 자식들은 아버지의 뒤를 따라가는 게 아니라, 아버지가 걸었던 잘못된 길과 과감히 결별해야만 심적 갈등을 해결하고 아버지와 진정으로 화해할 수 있다. 예를 들어 소설 《삼국지》에 등장하는 조조의 경우가 그렇다. 조조의 아버지는 비록 아들을 사랑하는 아버지였지만 환관의 양자였던 데다 매관매직을 일삼았던 자로, 사회적으로는 부끄러운 아버지였다. 그런데 마이클과 매우 비슷한 아버지 문제를 안고 있었던 조조는 마이클과 달리 '아버지와는 다른 훌륭한 성군'이 되겠다는 인생의 목표를 세운다. 그리고 그것을 완강히 추진함으로써 아버지가 안겨준 심리적 상처를 치유해 나가고, 그를 통해 아버지와 마침내 화해한다.

우리나라 친일파의 후손들 중에서도 아버지의 친일행적을 미화분식美化粉飾하려는 병적인 아들들이 있는 반면, 그것을 공개적으로 드러내며 반성함으로써 아버지의 잘못된 길과 결별하는 아들들이 있다. 전자의 경우에는 사회적으로 떳떳하지 못한 아버지가 주는 아들의 심리적 상처는 치유되기는커녕 더욱 악화되지만, 아버지를 공정하게 평가하고 수용하는 후자의 경우에는 상처의 치유가 가능해지고 궁극적으로 아버지에 대한 용서와 화해도 가능해진다.

이렇게 본다면 마피아 패밀리의 후계자가 되기로 결심한 마이클의 선택은 문제의 소지가 많다. 그것이 일단 패밀리를 살리는 데에는 기여하겠지만, 그의 정신건강과 인생에는 두고두고 후환거리가 될 가능성이 매우 높아 보이기 때문이다.

Review 양가감정(兩價感情, Ambivalence)

동일한 대상에 대해 정반대되는 감정을 동시에 가지고 있는 것을 말한다. 아버지에 대해 사랑과 증오, 존경과 경멸 같은 상반되는 감정을 동시에 지니는 것을 예로 들 수 있다.

사람들은 일반적으로 동일한 대상에 대해 이러저러한 양가감정을 가지기 마련이므로, 양가감정은 기본적으로 정상적인 심리상태에 속한다고 말할 수 있다. 그러나 반대되는 감정의 크기가 서로 엇비슷해 그것들이 팽팽히 맞서게 될 경우에는 정신건강을 위협할 가능성이 높다. 예를 들면 배우자를 사랑하는 감정과 증오하는 감정의 크기가 비슷할 경우에는 애증의 감정으로 고통을 겪을 수 있으며, 배우자를 사랑하는 감정과 비슷한 크기인 증오의 감정이 무의식적으로 억압되어 있을 경우에도 심적 혼란을 겪을 수 있다. 동등한 크기의 양가감정이 서로 대치하는 것은 프로이트가 말했던 전형적인 '심리적 갈등'의 기본 원인이 된다.

 억압

잊고 싶은, 잊혀지지 않는…

러브 레터(Love Letter, 1995)

:: 천국으로부터 온 편지

2년 전에 사고로 죽은 연인을 잊지 못해 괴로워하는 여인이 있다. 영화 〈러브레터〉의 여주인공 히로코다. 그녀는 죽은 연인의 추모식에 참가했다가 우연히 그의 중학교 졸업앨범을 보게 된다. 그 앨범에서 연인의 것과 똑같은 '후지이 이츠키'라는 이름을 발견한 그녀는 그 이름 밑에 적혀 있던 주소로 편지를 써보낸다. 이츠키는 이미 죽었고 그가 중학교 때 살던 집은 도로공사로 없어졌다는 것을 알고 있었으므로, 답장을 기대했던 것은 아니었다.

그런데 놀랍게도 천국으로부터 답장이 왔다. 이츠키라는 사람이 답장을 보내온 것이다. 히로코는 처음에 누군가가 장난을 치는 것이 아닌가 생각했지만, 호기심과 기쁨을 억누르지 못해 그 사람과 계속 편지를 주고받게 된다. 그리하여 그녀는 이츠키의 중학교 앨범에 그와 성과 이름이 똑같은 여학생이 있었다는 사실을 알게 된다. 그녀가 적어왔던 것은 연인 이츠키가 아니라 여자 이츠키의 주소였고, 답장 역시 그녀가 보내온 것이었다. 히로코는 거기서 멈추지 않고 그녀에게 "당신의 추억을 나눠주세요"라고 하며 중학교 시절 이츠키에 대한 기억을 이야기해달라고 부탁한다.

그런데 히로코가 이미 죽은 사람에게 편지를 쓰는 것과 같은 조금은 상식에서 벗어난 행동을 했던 것은 어떻게 봐야 할까? 그녀는 연인이었던 이츠키를 여전히 잊을 수가 없어서, 그를 떠나보낼 수가 없어서 그렇게 했을 것이다. 사랑하던 누군가가 떠났을 때 사람은 일정 기간 이별과 상실이 가져오는 감정들을 충분히 체험하고 표출함으로써 마음속의 슬픔을 털어내야 한다. 이를 통상적으로 '애도哀悼'라고 한다. 그것을 유교적으로 규범화한 것이 바로 우리나라의 '3년상' 전통이라고 할 수 있다. 만일 애도할 기회를 갖지 못하거나 애도를 제대로 하지 못하면, 마음속에 고통스러운 감정의 찌꺼기들이 그대로 남아있게 된다. 그러므로 심리적으로 죽은 이를 떠나보내지 못하게 되고 우울증 등 정신질환에 걸릴 위험이 커진다.

이런 점에서 히로코가 여자 이츠키와 편지를 주고받으면서 그것을 통해 이츠키의 과거를 더듬어보았던 것은 그녀에게는 일종의 애도행위였다고 볼 수 있다.

처음에 여자 이츠키는 이츠키와 별로 친하게 지내지 않아서 추억거리라 할 만한 게 거의 없다고 말한다. 그러나 히로코와 편지를 주고받으면서 그녀에게도 점점 더 많은 중학교 시절의 기억들이 떠오르기 시작한다.

그런데 과거의 기억들은 장기간 동안 그대로 보존되는 것일까, 아니면 망각되는 것일까? 이에 대해서는 심리학자마다 의견이 다르다. 일부 심리학자들은 과거의 기억들은 시간이 흘러감에 따라 소멸하기 마련이므로 다시 재생될 수 없다고 주장한다. 즉, 한번 잊혀진 기억은 다시 되돌아올 수가 없다는 것이다. 반면에 지금은 회상해내지 못하더라도 과거의 기억들은 대부분 머릿속 어딘가에 저장되어 있을 것이라 보는 심리학자들도 있다. 평소에는 도통 기억을 하지 못하다가 어떤 계기나 단서를 주면 옛일이 갑작스럽게 꼬리에 꼬리를 물면서 떠오르는 경우가 그렇다. 또한 최면 상태나 꿈을 꿀 때에는 깨어 있는 상황에서 전혀 기억하지 못했던 과거의 일들이 불현듯 떠오르기도 한다. 이런 현상들은 비록 현재 시점에서 의식에 떠올리지 못한다고 해서 과거의 기억들이 사라졌다고 단정해서는 안 된다는 것을 시사해준다.

그렇다면 과거의 기억이 머릿속에 저장되어 있음에도 현재 시점에서는 떠올릴 수 없는 까닭은 무엇일까? 첫째, 기억을 회상해낼 수 있는 적절한 '인출단서'가 없어서이다. 방대한 정보가 저장되어 있는 기억의 창고 안에서 특정한 기억을 끄집어내는 일은 마치 거대한 도서관에서 책 한 권을 찾아내는 것과 같다고 할 수 있다. 그런데 도서관에서 특정한 책을 찾을 때는 무작정 여기저기를 뒤지면서 찾기보다 책의 제목이나 저자 이름 등을 알면 훨씬 수월해진다. 이렇게 책 제목이나 저자 이름처럼 특정한 기억으로 접근하는 데 도움을 주는 것들을 인출단서라고 하는데, 이것이 적절하게 제공되지 않을 때에는 당연히 기억을 되살려내기가 매우 힘들다.

이와 달리 적절한 인출단서가 주어지면 평소에는 망각하고 있었던 기억들이 물밀듯이 되살아나기도 한다. 오랜만에 고향에 도착하면 어린 시절의 기억이 자기도 모르게 하나둘씩 떠오르는 것처럼 말이다. 여자 이츠키가 중학교 때의 일을 점점 더 많이 기억해내게 된 것도 이와 마찬가지다. 바로 히로코와의 편지 왕래가 적절한 인출단서 역할을 한 것이다.

과거의 기억을 현재 시점에서 떠올릴 수 없는 두 번째 이유는 기억이 '억압'되었기 때문이다. 프로이트는 모든 기억이 다 영구히 보존된다고 믿지는 않았지만 중요한 기억들은 영구히 보존된다고 했다.

"본질적인 것은 완전히 보존되어 있다. 완전히 잊혀진 것처럼 보이는 것조차 어떤 식으로든 어딘가에 존재한다. 단지 파묻혀 있고 환자가 접근할 수 없을 뿐이다."

프로이트는 어떤 기억에 접근할 수 없게 만드는 핵심적인 이유로 잘못된 인출단서가 아니라 '억압'을 꼽았다. 그는 사람을 고통스럽게 만들기 마련인 부정적인 감정과 연결된 기억들은 무의식적으로 억압당하기 때문에 떠올릴 수 없다고 주장했다. 예를 들면 과거에 큰 잘못을 범해서 그 일을 생각할 때마다 죄책감이나 후회의 감정 등을 느끼게 되면, 그 기억을 자기도 모르게 억압해버릴 수 있다는 것이다. 억압된 기억은 단순히 잊혀진 기억과는 달리 아무리 적절한 인출단서가 제공되어도 의식 위로 떠올릴 수가 없다. 결론적으로 말해 부정적인 감정을 불러일으키는 기억은 사람을 고통스럽게 만들기 때문에 무의식적으로 억압된다고 할 수 있다. 이를 정상적인 망각과 비교하면 다음과 같다.

- 억압 : 기억 → 부정적인 감정(죄책감, 후회, 자괴감 등) ← 기억이 억압된다.(적절한 인출단서가 있더라도 떠올릴 수 없다.)
- 망각 : 기억 → 긍정적인 감정(만족감, 행복감, 희열감 등) → 기억이 억압되지 않는다.(적절한 인출단서가 있으면 언제라도 떠올릴 수 있다.)

정리해서 말하자면 억압은 부정적인 감정과 연결된 기억, 다시 말해 부정적인 감정을 유발할 수 있는 기억들에 국한된다. 따라서 긍정적인 감정과 연결된 기억들은 원칙적으로 억압의 대상이 될 수 없으며, 억압될 필요도 없다.

그렇다면 여자 이츠키의 경우는 자연스러운 망각과 억압 중 어디에 해당할까? 둘 다이다. 좀 더 정확히 하자면 그녀의 중학교 시절

기억 중 일부는 단순히 망각되어 있었지만, 중요한 일부 기억들은 억압되어 있었다고 말할 수 있다. 여자 이츠키는 처음에는 중학교 시절을 거의 기억하지 못했지만 곧 별다른 어려움 없이 그 당시의 추억들을 생생하게 떠올릴 수 있게 된다. 그때의 기억들이 억압이 아니라 단순히 망각된 것이었기 때문이다. 그녀는 편지에다 중학교 시절의 추억들을 적어 히로코에게 계속 보냈는데, 그것은 다시 옛 기억을 떠오르게 하는 계기나 인출단서가 되어 더욱더 많은 일을 기억해낼 수 있게 해주었다.

하지만 여자 이츠키가 좀 더 깊은 기억의 창고 속으로 들어가려 할 즈음, 그녀의 중요한 기억들이 억압되어 있음이 분명히 드러나기 시작한다. 그녀는 처음에 히로코에게 중학교에 처음 입학하던 날부터 이름이 같아 친구들한테 놀림을 당했던 일 등을 거론하며 이츠키로 인해 곤혹스런 경험을 많이 했다고 말한 적이 있다. 그 때문에 중학교 시절에 그를 멀리했다고 말이다. 하지만 그녀의 기억은 사실과 달랐는데, 여자 이츠키가 이런 왜곡된 기억을 갖게 된 것은 이츠키에 대한 중요한 기억과 감정이 억압되어 있었기 때문이다.

:: 억압된 기억들

여자 이츠키와 이츠키는 중학교 3년 내내 같은 반이었다. 게다가 두 사람은 이름이 똑같다 보니 주번도 같이 섰고, 도서부장을 뽑을 때

'후지이 이츠키 커플'이라고 적어낸 친구들의 장난 때문에 공동으로 도서부장이 되어 도서실에서 시간을 같이 보내곤 했다. 그 당시 이츠키에게는 묘한 취미가 있었는데, 그것은 남들은 좀처럼 빌려보지 않는 책만 골라 대출하면서 그 책의 도서 대출카드에다 '후지이 이츠키'라는 이름을 맨 처음으로 적어 넣는 것이었다.

영화는 여러 가지 소소한 에피소드를 통해 두 사람 사이에 조금씩 사랑이 싹트고 있음을 보여준다. 사실 그녀에게 그는, 그리고 그에게 그녀는 서로 첫사랑이었던 것이다. 하지만 성인이 된 여자 이츠키는 알 수 없는 이유로 이츠키에 대한 이런 소중한 기억을 무의식 깊은 곳에 억압해두고 있었다. 왜 그랬을까?

어느 날 여자 이츠키는 이츠키가 다녔던 학교 운동장의 사진을 찍어서 보내달라는 히로코의 부탁을 받고 모교를 방문한다. 그리고 이곳저곳 사진을 찍다가 우연히 옛 은사를 만나고, 중학교 시절에 이츠키와 가장 많은 시간을 보냈던 도서실에 가게 된다. 마침 그곳에 있던 학생들은 그녀의 이름이 이츠키라는 말을 듣자, 도서 대출카드에 '이츠키'라는 이름이 적혀 있는 책을 찾아내는 놀이가 한때 유행했었다는 이야기를 들려준다. 이츠키를 좋아하는 남학생이 그런 장난을 한 게 분명하다면서……. 비록 히로코한테는 이츠키에게 아무런 감정도 없었다고 반복적으로 말해왔던 그녀였지만, 그런 말을 듣는 순간 그녀의 얼굴은 자기도 모르게 붉게 물들고 만다.

아무리 부인해도 그녀의 감정은 이렇게 너무나도 정직한 반응을 보이고 있었다. 비록 의식적으로는 인정하지 않았지만 그녀의 무의식은 중학교 시절이나 지금이나 이츠키가 자기의 첫사랑임을 잘 알고 있었던 것이다. 그렇게 서서히 옛 기억이 꿈틀대며 되살아나려고 하는 순간, 안타깝게도 그녀는 은사로부터 이츠키가 2년 전에 사망했다는 충격적인 소식을 전해 듣게 된다. 어쩌면 함박눈을 맞으면서 자전거를 타고 집으로 돌아가는 그녀의 눈에서는 눈물이 하염없이 흘러내렸을지도 모르겠다.

누구에게나 첫사랑의 추억은 아름답다. 더욱이 이루어지지 못한 첫사랑의 추억은 더욱 아름다운 법이다. 히로코의 편지 덕분에 여자 이츠키는 그동안 억압하고 있었던 그 아름다운 첫사랑에 대한 기억을 겨우 떠올릴 수 있게 되었다. 그러나 이츠키는 이미 저세상 사람이 되어 있었다.

앞에서도 언급했듯이, 사람이 기억을 억압하는 이유는 그것이 고통스럽게 만드는 감정들을 유발하기 때문이다. 그래서 억압을 풀고 기억을 재생해내려면 그것과 연결되어 있는 감정들을 온몸으로 다시 겪어내야만 한다. 여자 이츠키도 마찬가지였다. 그녀는 이후 생명이 위태로울 정도의 고열로 인해 병원에 입원하게 된다. 즉, 그녀는 감당하기가 힘들어서 피해버렸던 과거의 감정들을 뒤늦게 체험하게 되었고, 그럼으로써 중학교 시절에 앓고 떠나보내야 했던 첫사랑의 열병을 뒤늦게 앓게 된 것이다.

그렇다면 그녀로 하여금 그 당시의 일을 억압하게 한 또 하나의 중요한 원인은 무엇이었을까? 중학교 3학년에 올라가는 해의 설날에 여자 이츠키의 아버지는 감기가 폐렴으로 악화되는 바람에 그만

돌아가셨다. 갑자기 아버지가 돌아가시고 그 충격에 어머니까지 자리에 눕게 되자 여자 이츠키는 신학기에도 한동안 학교를 나가지 못했다. 그러던 어느 날, 이츠키가 그녀의 집에 불쑥 찾아왔다. 《잃어버린 시간을 찾아서》라는 책을 자기 대신 도서관에 반납해달라고 부탁하기 위해서였다. 그것이 두 사람의 마지막 만남이었다. 일주일 후 학교에 가보니 이미 그는 전학을 가버리고 없었다. 정체를 알 수 없고 주체할 수도 없는 감정에 휩싸인 여자 이츠키는 갑자기 화병을 집어들어 바닥에 내팽개쳐 박살을 내고 말았다. 말하자면 첫사랑의 좌절이 불행히도 아버지의 사망 시점과 겹친 것이다. 이는 그녀로 하여금 기억을 무의식적으로 억압하게 한 중요한 이유가 되기에 충분해 보인다.

:: 잃어버린 시간을 찾아서

히로코는 여자 이츠키의 편지들을 읽으면서 서서히 그녀가 이츠키의 첫사랑이었음을 눈치채고 적잖이 실망하게 된다. 그가 자기를 선택했던 이유 중 하나가 첫사랑과 너무나 닮아서였음을 알고는 얼마간 분노하기도 한다. 하지만 그들의 풋풋하고 애절한 첫사랑 이야기를 들으면서 울고 웃은 경험은 히로코에게 일종의 애도 과정이 되어주었다. 그녀는 마침내 그때까지 붙잡고 있었던 이츠키를 떠나보낼 수 있게 되었다. 마음의 평화를 찾은 그녀는 "편지에 담긴 추억은 당신 거예요. 그러니 당신이 가져야 해요"라며 여자 이츠키가 보냈던 편지들을 모두 돌려보낸다. 다음과 같은 추신을 덧붙여서 말이다.

> "추신 : 도서카드에 쓴 이름이 정말 그의 이름일까요? 그가 쓴 이름들이 당신 이름인 것만 같군요."

억압된 기억을 풀어헤침으로써 자기가 이츠키를 사랑했음을 알게 된 여자 이츠키는 아마도 몹시 궁금했을 것이다. 그도 역시 자기를 사랑했는지, 아니면 그것이 그저 자기 혼자만의 짝사랑이었는지…….

그즈음 모교를 찾아갔을 때 만났던 도서부의 학생들이 여자 이츠키를 찾아온다. 학생들은 그녀가 이츠키를 마지막으로 만났을 때 건네받았던 《잃어버린 시간을 찾아서》라는 책을 내밀면서 도서 대출카드를 한번 보라고 말한다. 그 책을 받았을 당시에 이미 도서 대출카드를 살펴본 적이 있었던 그녀가 의아해하는 표정을 짓자, 학생들은 뒷면을 보라고 재촉한다. 그 도서 대출카드의 뒷면에는 중학교 3학년 이츠키가 정성스러운 손길과 진심 어린 마음으로 그린 듯한 그녀의 초상화가 있었다!

비록 큰 슬픔과 고통을 겪었으나 첫사랑의 기억을 회복하고 자기에 대한 이츠키의 마음을 알게 된 여자 이츠키. 그녀는 마지막 편지를 썼지만 히로코에게 차마 보내지 못한다.

"가슴이 아파서 이 편지는 보내지 못 하겠습니다."

때로는 그것이 사랑인지 우정인지조차 분간하기 어려운 첫사랑. 그래서인지 사람들은 첫사랑의 기억을 그대로 망각의 강으로 흘려보내기도 하고 억압의 늪으로 밀어넣기도 한다. 그러나 아무리 가슴 아프더라도 그런 기억을 묻어두는 것은 좋지 않다. 이는 히로코의 편지를 받기 전까지 여자 이츠키가 첫사랑에 대해 전혀 기억하지 못하면서도 실제로는 그 첫사랑의 아픈 기억에서 헤어나지 못하고 있었던 것—그녀가 시립도서관 사서가 된 것 등—만 보더라도 잘 알 수 있다.

프로이트는 억압된 기억이 어떤 식으로든 사람에게 영향을 미치며, 때로는 그것이 정신병의 원인이 될 수도 있다고 주장한 바 있다. 즉, 억압된 기억은 비록 의식하지 못더라도 무의식적으로 사람에게 커다란 악영향을 미칠 수 있다는 것이다. 억압된 기억들은 의식화할 필요가 있다. 여자 이츠키도 첫사랑의 기억을 회복하고 그것이 주는 아픔을 온전히 겪고 난 후에야 비로소 그것에서 해방될 수 있지 않았는가.

 억압(抑壓, Repression)

부정적인 감정을 방어하는 방어기제의 하나로서 부정적인 감정을 일으키는 생각들이 의식에 떠오르지 않도록 억누르는 심리현상이다. 일반적으로 생각을 무의식적, 자동적으로 억누르는 것을 '억압'이라고 하고, 그것을 의식적, 의지적으로 억누르는 것을 '억제抑制'라고 한다. 이런 기준에서는 억압을 일종의 무의식적 망각으로 볼수도 있다. 하지만 그것은 자연스러운 망각과 다른데, 왜냐하면 억압된 생각은 적절한 인출단서가 있더라도 잘 의식화되지 않기 때문이다.

억압이라는 개념은 프로이트가 억압 이론을 정신분석학의 초석이라고 강조했던 것에서도 알 수 있듯이, 정신분석학의 핵심 개념중 하나이다. 프로이트는 억압의 결과로 고통스러운 생각이나 기억들은 더 이상 의식되지 않지만(망각), 그런 생각이나 기억들도 무의식적으로는 사람의 마음과 행동을 지배할 수 있다고 강조한 바있다. 억압된 것은 실언失言이나 실수, 꿈 등으로 어떻게든 표출되기 마련이라는 것이다.

억압은 일시적, 부분적으로는 부정적인 감정을 직면하지 않도록 도와주는 역할을 하지만, 억압된 것은 의식되지 않은 상태에서도 부정적인 감정을 계속 유발하기 때문에 신경증이나 정신병의 원인이 될 수 있다. 그러므로 방어기제의 남용이 그러하듯, 억압 역시 정신건강에 해롭다.

 양심

무엇을 선택할 것인가

도가니(2011)

:: 드러나는 충격적 진실

최근의 유행어로 정의하자면 영화 〈도가니〉의 주인공 강인호는 세상 물정도 모르고, 영악하게 세상살이를 하지도 못하는 영락없는 '루저'이다. 그림을 그리겠다는 꿈을 좇느라 변변한 직장도 구하지 못했고 돈도 벌지 못한 채 나이만 먹어버렸으니 말이다. 게다가 아내마저 천식을 앓고 있는 딸을 남겨두고 저세상 사람이 되었으니 어떻게든 자기 힘으로 생계를 꾸려야 하는 절박한 처지가 아닐 수 없다.

어느 날 스승 김 교수는 '다행히도' 무진에 있는 한 장애인 학교(자애 학원)에 미술 교사 자리를 만들어주었고, 선택의 여지가 없었던 강인호는 딸을 어머니에게 맡기고는 그곳으로 향한다.

강인호는 학교에 도착해 쌍둥이인 교장과 행정실장에게 인사를 하고 교장실을 나서는데……. 그때 뒤따라나온 행정실장은 강인호의 얼굴 앞에다 손가락 다섯 개를 펴 보인다. 그게 무슨 뜻인지 몰라 어리둥절진 그가 행정실장의 손바닥에다 자기 손바닥을 마주치자, 행정실장은 "지금, 장난해?"라고 말하며 짜증을 낸다. 그제야 상대방이 돈을 요구한다는 걸 눈치챈 강인호는 놀란 표정으로 "돈이요?"라고 묻는다. 그러자 행정실장은 "아니, 그럼 선생 자리를 맨입으로 얻으려 그랬어?"라고 반문하며, 원래는 1억 원을 받아야 하는데 김 교수의 제자라서 반을 깎아주는 거라며 학교발전기금으로 현금 5천만 원을 가져오라고 말한다. 이에 강인호는 어쩔 수 없이 어머니가 만들어준 5천만 원을 헌납하고는 교사 생활을 시작한다.

자애 학원은 강인호가 예상했던 장애인 학교의 모습과는 너무나도 거리가 멀었다. 그는 교무실에서 박보현이라는 선생이 전민수라는 학생을 잔혹하게 폭행하는 장면을 목격하는가 하면, 자애 학원 설립자의 수양딸 윤자애가 김연두라는 여학생의 머리를 세탁기에 집어넣는 끔찍한 장면까지 보게 된다. 김연두를 구출해서 병원에 입원시킨 강인호는 예전에 우연히 만난 적이 있는 무진 인권운동센터의 간사 서유진에게 연락을 취한다. 그런데 김연두와 얘기를 나눈 그녀는 강인호에게 다음과 같은 충격적인 얘기를 들려준다.

"연두가 성추행을 당했어요. 그것도 교장한테."

너무 놀란 강인호가 "말도 안 돼"라고 외치자 서유진은 가해자와 피해자가 더 있다고 말한다. 비로소 사태의 심각성을 알게 된 그가 "경찰에 신고해야 한다"고 주장하자 그녀는 답답하다는 듯이 이렇게 대답한다.

"신고하러 간 아이들을 다시 학교에 넘긴 게 경찰이에요."

강인호의 스승이며 김 교수의 고등학교 동창인 자애 학원 교장은 무진교회의 장로를 맡을 정도로 독실한 기독교인이며, 도지사한테 훌륭한 교육자로 표창장까지 받은 사람이었다. 하지만 그는 교사 자리를 매매하고 관리들에게는 뇌물을 주는가 하면, 힘없는 어린 장애 아들을 성욕의 대상으로 삼는 인간쓰레기였다.

:: 선택의 갈림길에 서다

교장의 추악한 정체를 알게 되어 고뇌하고 있던 어느 날, 강인호의 어머니가 그의 딸 솔이를 데리고 찾아온다. 어머니는 교사 생활이 어떠냐는 물음에 아들이 신통치 않은 태도로 대답하자 그저 참고 견디라고 타이른다. 그리고는 교장이 화초를 좋아한다고 하길래 화초를 사왔다면서, 교장이 아주 발이 넓은 사람이라 그에게 잘 보인 교사 여러 명을 서울에 보내주기도 했다는 김 교수의 말을 전한다. 강인호는 어머니의 말을 듣다가 속에서 울화가 치밀어오른다. 그가

"엄마, 그 사람들 어떤 사람인 줄 알아? 엄마, 그 사람들……"이라고 하며 말을 잇지 못하자, 어머니는 아들에게 이렇게 쏘아붙인다.

"아니, 그라믄 선상자리 돈 받아묵고 팔아먹는 놈이, 그럼 좋은 놈인 줄 알았드나?"

어머니는 전세방까지 빼서 5천만 원을 만들었다며 "니는 그저 니가 가르치는 아이들처럼 입 닫고 귀 닫고 니 할 일만 하면 되는 기라"라고 충고한다. 그리고는 다른 생각은 일절 하지 말고 오로지 딸 솔이만 생각하라고 신신당부한다.

양심의 목소리를 저버리고 싶지 않았지만, 출세는 둘째치고 생계를 유지할 수 있게 해주는 교사 자리마저 위태로워질 수 있었기에 그는 결국 어머니의 충고를 따르기로 결심한다. 다음날 학교에 출근한 강인호는 어머니가 사 온 화분을 들고서 교장실 문 앞으로 간다. 그러나 교장실 안에서 또다시 박 선생이 전민수를 폭행하는 소리가 들려오자, 그는 그만 문 앞에 선 채로 얼어붙고 만다. 강인호가 이러지도 저러지도 못 하고 있을 때, 한 손에는 골프채를 쥐고 다른 손으로는 피범벅이 된 전민수의 멱살을 잡은 박 선생이 교장실을 나와 그의 곁을 스쳐 지나간다. 그는 교장에게 바칠 화분을 들고 서 있는 강인호를 힐끗 쳐다보며 비웃고 있고, 교장실 안에서는 교장과 행정실장이 반갑게 웃으며 어서 들어오라고 손짓을 하고 있다.

박 선생에게 짐승처럼 질질 끌려가고 있는 전민수를 그대로 외면한 채 교장실에 들어가 화분을 바치면 강인호는 그럭저럭 편한 길로 나아갈 수 있었다. 반대로 교장실 문턱을 넘지 않고 뒤돌아서면 예전처럼 궁핍한 생활을 이어가게 될 것이었다. '어떻게 해야 하는가?' 그 순간 강인호의 눈에는 굵은 눈물이 한줄기 흘러내린다. 그것은 절규하는 양심이 토해내는 피눈물이었을까? 강인호는 돌아서서 학생을 끌고 가던 박 선생에게로 걸어가 화분으로 그의 머리를 내리친다. 양심이냐, 생존이냐 선택해야 하는 갈림길에서 분연히 양심을 선택한 것이다.

:: 불의가 정의를 심판하는 세상

한편 서유진은 교장 형제와 박보현 선생을 처벌하기 위해 국가기관을 찾아갔으나 번번이 거절당한다. 교육청에서는 방과 후에 발생한 사건이므로 자기들 소관이 아니라며 외면하고, 지역 유지인 교장을 두둔하기에 바쁜 검찰은 경찰에 수사명령을 내리지 않는다. 강인호와 서유진은 사건을 매스컴에 폭로함으로써 겨우 세 사람을 법정에 세울 수 있었으나, 자기들끼리 똘똘 뭉쳐 있던 악인들은 기득권을 지키기 위해 모든 수단을 총동원해 거세게 반격한다.

그리하여 자애 학원의 수위는 일자리를 잃을까 봐 법정에서 말도 안 되는 거짓말을 하고, 교장의 아내가 회장을 맡은 무진여고 동창회의 총무인 의사는 소견서를 두 번이나 쓰면서까지 진상을 왜곡한다. 또한 무진교회의 교인들은 법원 앞에서 시위를 벌이고, 교장의 측근들은 심신이 성치 않은 진유리와 전민수의 부모들을 돈으로 구슬려 두 아이에 대한 재판 자체를 무산시킨다.

그러나 숱한 어려움에도 굴하지 않고 강인호와 서유진은 교장이 진유리에게 범행을 저지르는 장면이 녹화된 동영상을 찾아내어 그것을 검사에게 넘겨주는 데 성공한다. 강인호는 결정적인 물증까지 확보된 만큼 정당한 판결이 내려질 것이라 낙관한다. 그리고 마침내 선고가 내려지는 날, 그는 법원에 들어서면서 정문 위의 커다란 현판에 새겨져 있는 '자유, 평등, 정의'라는 세 단어를 유심히 들여다본다. 아마 그때까지만 하더라도 정의가 실현되리라 믿어 의심치 않았을 것이다.

사건을 담당한 판사는 세 사람의 죄질이 매우 나쁘므로 엄벌에 처해야 마땅하다고 말한다. 하지만 그는 "그동안 이들이 지역사회 발전에 기여한 바가 크다"라는 해괴한 논리를 늘어놓으며 집행유예를 선고한다. 이 장면은 중형을 선고받아야 마땅한 범죄를 저지른 재벌 총수와 권세가들에게 사법부가 번번이 "국가경제에 이바지한 바가 크다"라는 이유를 들어 풀어주는 장면과 놀라울 정도로 흡사하다. 실제로 〈도가니〉에 나오는 자애 학원, 검찰과 경찰, 사법부와 같은 국가기관들, 광적인 교회 신도들 사이의 끈끈한 결탁과 횡포가 연출하는 장면들은 가히 한국 사회의 축소판이라 할 만하다. 권력자와 부유층의 부도덕한 동맹이 지배하는 '유전무죄, 무전유죄'의 세상 말이다.

결국 세 악인의 변호를 담당했던 거물급 변호사, 그 변호사와 친분관계가 두터운 판사, 그리고 그 변호사로부터 로펌 스카우트 제의를 받고는 결정적인 물증을 묻어버린 검사 덕분에 악인들은 다시 자유의 몸이 되었다. 이렇게 하여 피해자들은 다시 한 번 지울 수 없는 커다란 상처를 입는다. 판사가 집행유예를 선고하자 범죄자들은 희희낙락하면서 주변 사람들과 축하의 악수를 하고, 피해자인 아이들은 울음을 터트린다. 강인호는 마치 넋이 나간 듯, 불의가 정의를 조롱하고 심판하는 이 끔찍한 광경을 멍한 눈길로 바라보고만 있다.

"지랄들을 한다."

자애 학원 교장실 벽에 걸려 있는 '청소년 선도위원 임명장'을 보면서 언젠가 서유진은 이렇게 말한 적이 있다. 다소 거친 표현이지만 정의를 짓밟는 주범인 한국사회의 부도덕한 지배층에 대한 솔직하고 정확한 비평이 아닐 수 없다.

:: 강인호는 왜 양심을 선택했나?

강인호는 왜 양심을 선택했을까? 그는 병에 걸린 어린 딸과 늙은 어머니를 위해서 돈을 벌어야만 했다. 그런데도 그는 왜 다른 사람들처럼 부도덕하지만 강력한 권력과 타협하지 않은 것일까?

재판이 진행되고 있던 어느 날, 스승인 김 교수는 강인호를 식당으로 불러낸다. 그런데 그 자리에는 김 교수만이 아니라 세 악인의 변호를 맡고 있던 황 변호사까지 와있었다. 김 교수는 "제자를 자애학원에 소개해준 내 입장이 곤란해졌다", "이렇게 행동하면 너한테 득 될 게 없다", "서울의 대학교에 네 자리를 만들어두었다"라고 하면서 강인호를 꼬드긴다. 황 변호사는 5천만 원에 웃돈까지 얹은 돈가방을 내밀면서, 김연두와 합의를 하게 해주면 연두의 대학 등록금과 유학비용까지 책임지겠다고 제안한다. 그리고 강인호가 스승에 대한 실망감, 현실에 대한 환멸감을 느껴 자리에서 일어나 나오려하자, 황 변호사는 가차없이 그의 아킬레스건을 찌른다.

　　"강 선생, 어린 따님 생각도 하셔야지. 따님이 많이 아프다면서요."

　강인호는 더러운 두 인간에게 한마디도 쏘아붙이지 못한 자기에 대한 모멸감과 함께 그들이 자기의 딸까지 볼모로 협박한 것에 대한 분노를 느낀다. 또한 가진 것이라고는 돈과 비굴함뿐인 인간들이 가난하지만 선량한 이웃을 조롱하는 부조리한 세상에 대한 혐오감에 휩싸인다. 그는 견디다 못해 차 유리창을 주먹에서 피가 날 때까지 연거푸 때려 부숴버린다. 강인호는 이렇게 자해를 할지언정 인면수심의 스승이나 황 변호사, 그리고 부조리한 세상을 향해 똑 부러지는 항의 한마디도 제대로 하지 못하는 약한 사람이었다. 그러나 그는 적어도 양심을 외면하고 불의와 손을 잡을 만큼 약은 사람은 아니었다.

강인호는 학교에서 해고를 당했으면서도 어머니에게는 계속 교사 생활을 하는 척하면서 아이들을 돕는다. 그러던 어느 날, 어머니가 법정에 불쑥 찾아와 강인호를 나무란다.

> "사람들이 니 말이 옳고 그른 걸 몰라서 다들 입 닫고 사는 줄 아나? 니 한 몸 건사하고 가족들 먹여 살릴라카면 옳은 일에 옳은 소리만 하고는 못 사는 기다."

그럼에도 강인호가 연두의 손을 꼭 잡은 채 "나, 들어가 봐야 해" 라고 말하자, 화가 난 어머니는 "니……, 니 딸 솔이보다 가(김연두) 가 더 소중한 기가?"라고 묻는다. 김연두를 선택할지, 딸을 선택할 지 결정하라고 압박하는 어머니에게 강인호는 이렇게 호소한다.

> "얘가 그런 일 당했을 때 나 거기 있었어. 근데, 아무것도 못했어. 지금 이 손 놔버리면 나 솔이한테도 좋은 아빠가 될 자신이 없어."

아버지는 자식들에게 밥도 먹여주어야 하지만 정의로운 아버지라 는 자부심도 주어야 한다. 양심을 저버리며 불의와 타협하는 아버지 는 자식의 눈을 똑바로 바라볼 수 없으며, 아이들에게 지워버리기 힘든 부끄러움, 열등감과 같은 마음의 상처를 주기 마련이다. 간단 히 말하자면 양심을 외면하는 아버지는 훌륭한 아버지가 될 수 없다는 것이다. 예컨대 이완용은 비록 자식들을 호의호식할 수 있게 한 아버지였지만 다른 한편으로는 나라를 판 매국노가 아닌가? 강인호는 바로 이 부분을 잘 인식하고 있었다. 그랬기 때문에 그는 중요한 고비마다 밥그릇이 아닌 양심을 선택할 수 있었던 것이다.

모름지기 늪에 빠진 사람이 심하게 발버둥을 칠수록 늪 속으로 더욱 깊이 빠져들듯이, 한 번 양심을 저버리기 시작하면 두 번 세 번 양심을 저버리는 길로 나아가게 된다. 이미 죄를 지은 몸인데 또 죄를 지으면 어떠냐는 식의 자포자기적인 생각, 그리고 부도덕한 자신에 대한 혐오감에서 비롯된 자기처벌과 자기학대의 심리가 발목을 잡기 때문이다. 결국 양심의 목소리를 반복적으로 외면하면 성공과 출세가도를 달릴 수 있을지는 몰라도, 그런 사람의 정신은 날이 갈수록 피폐해지고 내면적인 삶은 붕괴되어갈 뿐이다. 양심을 저버리는 삶에 물질적 풍요는 있을지 몰라도 진정한 행복이란 있을 수 없기 때문이다.

재판 과정을 묵묵히 지켜본 어머니는 법원 로비에서 기다리고 있다가 강인호와 아이들이 나오자 비닐봉지에 들어 있는 간식을 건네준다. 그러면서 다음과 같은 투박한 말로 아들에게 커다란 힘을 실어준다.

"이 성찮은 아이들을 데리고 어른들이 뭐하는 짓이라. 일 정리되면 퍼뜩 올라오니라."

불의가 승리하고 정의가 패배하는 영화 〈도가니〉의 결말은 우리를 몹시도 쓸쓸하고 우울하게 만든다. 강인호와 서유진이 자애 학원 사건을 폭로하려고 할 때, 세상이 정의롭다는 것을 믿을 수 없었던 학생 전민수의 말도 자꾸 목에 걸린다.

　　"정말, 그 사람들 벌 받게 해줄 수 있어요?"

　그때까지만 해도 이 땅에 최소한의 정의는 살아있을 것이라 믿고 있었던 강인호는 "그래, 내가 약속할게"라고 자신 있게 대답했지만 그의 약속은 지켜지지 않는다. 그의 소박한 기대와는 달리 한국사회 는, 아직 정의로운 사회가 아니었던 것이다. 이렇게 여전히 높은 벽 앞에서 우리는 다음과 같은 서유진의 한탄에 어쩔 수 없이 공감하게 된다.

　　"우리가 싸워야 하는 건 세상을 바꾸기 위해서가 아니라 세상이 우 리를 바꾸지 못하게 하기 위해서라고요."

　그녀의 말은 물론 옳으며, 그것이 현실이기도 하다. 하지만 '세상 이 우리를 바꾸지 못하게 하는 것'이 '세상을 바꾸는 것'의 전제이 자 출발점이 된다는 사실을 잊어서는 안 된다. 우리는 앞으로 세상 을 살아가면서 때때로 양심과 생존 중에서 하나를 선택해야만 하는 순간들을 맞이할 수 있을 것이다. 그런 순간들마다 강인호처럼 밥그 릇이 아닌 양심을 선택한다면, 언젠가는 세상을 바꿀 수 있지 않을까? 적어도 나는 그렇게 믿는다.

양심 (良心, Conscience)

양심이란 사람이 도덕적 원칙과 규범에 맞게 행동하도록 조절, 통제하는 도덕의식과 도덕감정의 총체이다. 여기에서 도덕의식이란 '어려움에 처한 사람을 도와주어야 한다'와 같은 '생각(의식)'이고, 도덕감정이란 어려움에 처한 사람을 돕지 않았을 때 느끼게 되는 죄책감과 같은 '감정'이다.

양심은 자기 행동의 결과나 과정, 동기에 대한 자각에 기초해 자기를 스스로 평가하도록 이끈다. 다시 말해 사람은 양심에 근거해 자기가 도덕규범을 준수했는지, 자기 안에 못된 마음은 없는지를 스스로 평가하고 검열한다는 것이다.

모든 사람은 양심의 욕구를 가지고 있다. 그렇기 때문에 사람들은 양심적으로 생각하고 행동하면 자부심, 만족감, 뿌듯함, 보람 같은 긍정적인 감정을 느끼게 된다. 반면에 양심을 외면하면 죄책감, 수치감, 후회감, 자기모멸감 같은 부정적인 감정을 느끼게 된다. 그러므로 양심의 욕구가 반복적으로 좌절되면 사람은 정신적으로 황폐해지고, 심할 경우에는 정신병에 걸릴 수도 있다.

양심을 자꾸 외면하면 필연적으로 마음속에 죄의식과 죄책감이 누적되며, 반복적으로 죄를 짓는 자기에 대한 혐오감도 심화된다. 그 결과 언젠가 보복당하거나 천벌을 받게 될 거라는 두려움에 사로잡혀 세상을 방어적이고 폐쇄적으로 대하게 되며, 자기혐오감으로 인해 자기학대와 자기처벌을 일삼게 된다. 평소에는 자기 죄를 극구 부인하거나 전혀 의식하지 못하는 사람들도 밤에는 두려움을 드러내는 악몽이나 자기처벌적인 악몽을 반복적으로 꾸는 것, 타인의 충고나 비판을 열린 마음으로 받아들이지 못하고 격렬하게 반발하거나 거부하며 그 사람을 비정상적으로 증오하는 것, 사소한 위험을 크게 확대해 마녀사냥적 광기를 폭발시키는 것 등이 여기에 해당된다.

합리화

고통스러운 진실을 피할 것인가, 마주할 것인가

매트릭스(Matrix, 1999)

∷ 빨간 약을 먹을래, 파란 약을 먹을래?

새로운 진실, 그것도 그동안 굳건하게 믿어왔던 신념을 송두리째 뒤집어엎는 충격적인 진실을 접하게 되면 누구라도 커다란 고통을 겪기 마련이다.

　영화 〈매트릭스〉의 주인공 네오 역시 진실을 받아들이기 위해서 이런 혹독한 고통을 겪어야만 했다. 그는 토마스 앤더슨이라는 이름으로 소프트웨어 회사의 평범한 직원으로 생활하는 동시에 네오라는 이름으로 온갖 컴퓨터 범죄를 일삼는 해커였다. 한마디로 '두 개의 인생'을 살고 있었던 것이다. 그런데 그는 언제부터인가 자기가 살고 있는 세상이 뭔가 이상하다는, 뭔가 잘못되었다는 막연한 느낌에 시달리고 있었다.

네오는 그 이유를 알기 위해 우여곡절 끝에 정부가 가장 위험한 테러리스트로 지목하고 있던 모피어스를 만나게 되고, 그에게 진실이 무엇인지를 묻는다. 그러자 모피어스는 "말로는 설명할 수가 없으니 네 눈으로 직접 보라"고 말하면서, 그 앞에 파란 약(진실을 보지 않도록 해주는 약)과 빨간 약(진실을 보게 해주는 약)을 내놓는다.

"파란 약을 먹으면 여기서 끝난다. 침대에서 깨어나 네가 믿고 싶은 걸 믿게 돼. 빨간 약을 먹으면 이상한 나라에 남아 끝까지 가게 된다."

진실에 목말라 있던 네오는 용기를 내어 **빨간 약**을 먹는다. 얼마 후 그는 어떤 기계장치 안에서 깨어나고, 모피어스 일행이 그를 비행선으로 구해낸다.

이후 네오가 알게 된 진실은 너무도 끔찍했다. 그는 자기가 1999년의 도시에서 살고 있다고 믿고 있었지만 사실 그 믿음은 가짜였다. 네오는 인류가 발명한 AI(인공지능)가 반란을 일으켜 도리어 인류를 노예로 삼아버린 2199년 즈음의 '기계가 지배하는 세상'에서 살고 있었던 것이다. 그 세상에서 기계들은 사람의 신체에너지를 이용하기 위해 사람들을 인큐베이터와 같은 장치에 넣어 재배하고 있었다. 그리고 그들이 그런 상황을 깨닫지 못하게 하려고 마치 꿈과 같은 가상세계(프로그램이 만들어낸 세계)를 만들어 그 안에서 살고 있다고 믿게끔 하였다. 그 가상세계가 바로 '매트릭스'였다.

너무나 충격적인 진실을 접하게 된 네오는 처음에는 그것을 받아들이지 못하고 부정한다. 매트릭스가 도대체 무엇이냐는 그의 물음에 모피어스는 "통제야. 매트릭스는 컴퓨터가 만든 꿈의 세계야. 우릴 통제하기 위한 거지"라고 대답하고, 그는 고통에 겨워 몸부림치면서 "불가능해!"라고 외친다. 모피어스가 다시 "믿기 쉽다고는 안했어. 진실이라고만 했지"라고 말하자, 네오는 "그만해!"라고 절규하며 구토를 하다가 기절해버린다.

:: 고통스러운 인지 부조화

기존의 생각이나 신념에 배치되는 새로운 진실은 필연적으로 인지 부조화 상태를 야기한다. 1960년대에 심리학자 페스팅거는 '인지 부조화Cognitive Dissonance' 이론을 주장한 바 있다. 사람이 지식, 감정, 행동의 제 측면들 가운데 어떤 불일치를 느끼면 불쾌한 내적 상태, 즉 부조화를 경험하므로 그 부조화 상태를 없애려 한다는 이론이다.

페스팅거는 한 실험에서 실험 참가자들에게 다이얼 손잡이를 계속 방향을 바꿔가며 돌려야 하는 아주 단조롭고 지루한 작업을 하게 했다. 그리고 다음에 똑같은 작업을 수행하기로 되어 있는 실험 참가자들에게 자기가 했던 작업이 "아주 재미있었다"라고 말하도록 유도했다. 그들은 이런 거짓말을 한 대가로 1달러 혹은 20달러를 받았다. 그런데 나중에 그 작업이 얼마나 재미있는지를 묻자 20달러를 받은 사람들은 "재미없었다"라고 말한 반면, 1달러를 받은 사람들은 "아주 재미있었다"라고 대답했다. 페스팅거는 이런 결과가 나온 것이 인지와 행동 간의 부조화 때문이라고 설명했다.

말하자면 1달러는 '내가 고작 1달러 때문에 거짓말을 했단 말인 가'라는 생각을 하게 만듦으로써 부조화 상태(푼돈 1달러와 거짓말을 한 행위 사이의 부조화)를 일으키지만, 20달러는 '20달러나 주는데 누 가 거짓말을 안 하겠어'라고 생각하게 하므로 부조화가 일어나지 않 는다.(20달러와 거짓말을 한 행위 사이의 조화) 따라서 1달러를 받고 거 짓말을 한 사람들은 이러한 부조화 상태를 해결하기 위해 자기 신념 을 바꿈으로써 '그 작업은 정말 재미있었다'라고 자기 합리화를 하 게 된다는 것이다.

자기 합리화合理化, Rationalization란 고통스러운 감정을 방어하기 위 해 사용되는 방어기제의 하나로, 그럴듯한 이유를 들어 자기의 생각 이나 행동을 정당화하는 것을 말한다. 사람들은 일반적으로 고통스 러운 감정을 의식적, 무의식적으로 회피하려 한다. 그리하여 심적인 고통을 유발할 수 있는 사고나 행동을 끊어내지 못할 경우에는 이런 저런 설명을 동원해 그것을 정당화함으로써 고통을 최대한 피하거 나 줄이려고 한다.

가령 시험에서 떨어진 것을 자기의 실력 탓으로 돌리면 심적으로 고통스러우므로 시험을 볼 때 하필이면 배가 아파서 정신집중을 못 했다고 말하거나, 누군가를 괴롭히는 자기의 행동을 잘못이라고 하 면 심적으로 고통스러우므로 상대방이 괴롭힘을 당해 마땅한 나쁜 사람이라고 우기는 것이 그렇다. 합리화는 이렇게 심적인 고통의 진

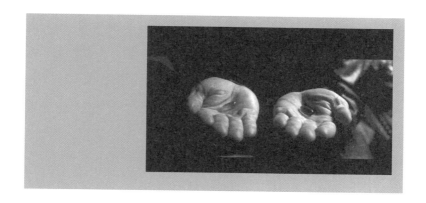

정한 원인을 직시하지 못하게 하여 결국 그것을 제거하지 못하게 한다. 당연히 정신건강에 몹시 해롭다.

　아마도 대부분의 사람들이 인지 부조화를 해결하기 위해 자기 합리화를 한다는 페스팅거의 주장에 가장 잘 들어맞는 영화 속 인물은 네오의 동료 사이퍼일 것이다. 그는 모피어스 팀의 일원이 된 네오와 단둘만 있게 되자 "네가 무슨 생각을 하는지 알아"라고 하면서 이렇게 말한다.

　　"난 항상 그 생각뿐이지. 파란 약을 먹을 걸⋯⋯."

　사이퍼는 진실을 알게 된 것, 즉 빨간 약을 먹음으로써 인지 부조화 상태에 들어서게 된 것을 후회하고 있었다. 또한 그는 안락함과 풍요로움과는 거리가 먼 저항군 생활을 견디기 힘들어했으며, 트리니티가 자기가 아닌 네오를 사랑하는 것에 대해 질투심을 느끼고 있었다. 그는 트리니티가 "매트릭스는 가짜야"라고 재차 확인해주자 "그렇지 않아. …… 난 이 매트릭스가 이 세상보다 더 진짜 같다고 생각해"라고 억지를 부리면서 자기 합리화를 시도한다. 그러고는 매트릭스 속에서 활동하는 비밀요원 스미스를 만나 동료들을 배반하면서 이렇게 부탁한다.

"난 아무것도 기억하고 싶지 않아요. 아무것도! 알았죠?"

자기 합리화를 하는 사람들은 대부분 자기가 거짓말을 하고 있다는 것, 잘못된 행동을 하고 있다는 것을 알고 있다. 사이퍼 역시 매트릭스가 가짜라는 것을 너무나 잘 알고 있었다. 그는 아무리 "매트릭스가 현실"이라고 외쳐봤자 인지 부조화 상태를 벗어날 수가 없었고, 그것이 야기하는 고통에서도 해방될 수가 없었다. 그 끔찍한 인지 부조화 상태에서 벗어나기를 원했던 사이퍼로서는 스미스에게 기억을 지워달라고 부탁할 수밖에 없었던 것이다.

:: 그들은 왜 자기 합리화를 하는가?

사람들은 다음과 같은 경우에 인지 부조화를 자기 합리화로 해결하려고 하는 경향을 보인다.

첫째, 진실을 받아들이는 것이 내면에서 부정적인 감정을 유발하는 경우이다. 가령 어떤 학자가 그동안 자기가 주장해오던 이론이 틀렸음을 알게 되었다고 가정해보자. 그가 그것을 학자가 지녀야 할 자존심에 큰 상처를 입는 것 혹은 학자로서의 사회적 명성에 손상을 입는 것으로 여긴다면, 그의 마음속에서는 부끄러움이나 수치심 같은 부정적인 감정들이 야기될 것이다. 그런데 사람은 부정적인 감정은 일단 회피하거나 방어하게 되어 있으므로, 그 학자는 진실을 부정하면서 자기 합리화를 하려는 충동을 느낄 수 있다.

반면에 진실의 수용이 내면에서 부정적인 감정을 유발하지 않으면 사람들은 자기 합리화의 동기를 갖지 않으며, 그 결과 자기 합리화도 하지 않는다. 예를 들어 1+1이 3이라고 알고 있던 아이한테 부모가 "1+1은 2야"라고 가르쳐주면, 그 아이는 '1+1=2'라는 진실을 별다른 어려움 없이 받아들일 것이다.(다만 그런 사소한 오류에도 부정적 감정을 느끼는, 즉 심리적으로 건강하지 않은 아이는 자기 합리화를 할 수도 있다.) 결론적으로 말해 마음이 건강한 사람은 인지 부조화로 생기는 부정적 감정 때문에 자기 합리화를 하지는 않는다. 반면에 마음이 건강하지 않은 사람에게서는 이러한 현상이 나타날 수도 있다.

둘째, 진실을 받아들이는 것이 2차적인 고통을 일으킬 경우이다. 1980년대에 대학을 다녔던 학생들은 대부분 커다란 인지 부조화를 경험해야 했다. 그들은 대학에 들어가기 전까지만 해도 광주민중항쟁을 일부 불순한 폭도들이 일으킨 폭동 정도로만 알고 있다가, 대학에 들어가서 군사독재정권이 민주화를 요구하는 시민들을 무자비하게 진압하고 학살했던 사건임을 알게 되었다. 그런데 그 당시의 대학생들이 이런 새로운 진실들을 모두 다 순순히 받아들인 것은 아니었다. 왜냐하면 그것을 받아들이게 되면 네오가 저항군에 참여했던 것처럼 불의한 세상에 대항해 싸워야 한다는, 쉽게 말해 당시 대학가를 휩쓴 '데모'에 동참해야 한다는 의무감이 생기기 때문이다.

이 학생운동에 참여하는 것은 군사독재정권의 가혹한 탄압을 각오해야 할 뿐만 아니라 졸업 후의 취직 또한 어렵게 만들 우려가 있었다. 한마디로 그것은 매트릭스에 맞서 힘겹고 고단한 투쟁을 시작한 네오가 그랬듯이, 고난의 가시밭길로 이어지는 선택이었다. 이런 2차적인 고통, 즉 진실 그 자체가 주는 고통이라기보다는 진실에 뒤따르는 삶이 주는 고통을 예상할 수 있었기에 일부 대학생들은 진실을 보기를 두려워했고, 그것을 회피하거나 방어하기 위해 자기 합리화를 시도하기도 했다. 물론 진실은 받아들이되 행동하지 않는 사람들도 있었는데, 그들 또한 앎과 실천 사이의 부조화로 적지 않은 고통을 겪어야만 했다.

네오를 비롯해 매트릭스 안에서 살고 있는 사람들이 겪어야만 했던 인지 부조화의 고통도 바로 이런 것이었다. 즉, 그들은 인지 부조화 그 자체가 아니라 인지 부조화를 해결할 때 맞닥뜨려야 하는 현실적인 고통, 다시 말해 2차적인 고통으로 인해 진실을 외면하려 했던 것이다.

페스팅거 이론의 가장 큰 오류는 바로 이러한 점을 간과하고 대부분의 사람들이 인지 부조화를 해결하기 위해 자기 합리화를 한다고 주장했다는 데 있다. 물론 네오가 처음에 진실을 받아들이지 못하면서 그것을 한사코 부정하려 했던 것을 인지 부조화를 해결하기 위한 일종의 자기 합리화였다고 억지로 해석할 수는 있다.

하지만 무엇보다 영화 〈매트릭스〉의 등장인물들이 겪어야만 했던 인지 부조화는 페스팅거의 실험과는 전혀 차원이 다른 것이었다. 그것은 그야말로 하늘과 땅이 서로 뒤바뀌는 것에 비견할 만한 극단적인 인지 부조화였다. 그럼에도 네오가 보인 첫 반응은 원칙적으로 인지 부조화 자체가 아니라 그것에 뒤따르는 2차적인 고통으로 발생한 것이므로, 지극히 정상적이라고 할 수 있다. 다시 말해 만일 네오가 통상적이고 가벼운 인지 부조화 상태를 경험했다거나, 인지 부조화를 해결하는 행동이 힘겨운 저항군 생활이 아닌 안온하고 행복한 삶으로 이어지는 것이었다면, 진실을 어렵지 않게 수용할 수 있었을 것이라는 이야기이다.

:: 진리가 너희를 자유롭게 하리라

마음이 건강한 정상인들은 대부분 인지 부조화 상태를 해결하기 위해 자기 합리화를 하기보다는 진실을 수용하는 쪽을 택한다. 인류는 그렇게 새로운 진리를 발견할 때마다 그것을 수용했고, 그 결과 끊임없이 발전해올 수 있었다. 네오 역시 고통을 이겨내고 진실을 받아들이며 기계의 노예가 되어 있는 인간을 해방시키기 위한 저항운동에 동참한다. 네오가 새로운 진실을 과감히 수용할 수 있었던 것은 무엇보다 그가 노예가 아닌 자유인으로 살기를 원했기 때문이다.

모피어스는 네오가 첫 만남에서 매트릭스에 대해 묻자 "진실을 못 보도록 눈을 가리는 세계"라고 말한 바 있다. 네오가 모피어스 쪽으로 바짝 몸을 숙이며 "무슨 진실이요?"라고 다시 묻자 그는 다음과 같이 대답해준다.

"네가 노예라는 진실."

노예는 '의식화'를 기준으로 볼 때 다음 두 가지로 구분할 수 있다. 하나는 자기가 노예임을 모르고 있는 노예, 다른 하나는 자기가 노예임을 알고 있는 노예이다. 그렇다면 둘 중에 어떤 노예가 더 고통스러울까? 물론 노예로 사는 이상 자기가 노예임을 알든 모르든 고통스러운 것은 똑같다. 그러나 그 원인을 알고 겪는 고통보다는 모르고 겪는 고통이 훨씬 더 견디기 힘들게 마련이다.

예를 들면 일반불안장애 Generalized Anxiety Disorder 환자들은 뚜렷한 원인 없이 공포와 불안을 느끼곤 한다. 정체를 아는 적보다 베일에 싸인 적이 더 무서운 것처럼, 원인을 알 수 없는 불안은 시작과 끝을 가늠할 수 없이 막연하고, 모호하며, 만성적이다. 또한 불안의 원인을 모르면 그것을 방어하거나 치료하려는 시도조차 하기 어렵다. 이 때문에 일반불안장애를 치료하려면 당사자가 의식하지 못하는 무의식적 불안유발 원인부터 찾아야 한다.

프로이트가 무의식적 병인病因을 통찰하는 것이 치료 과정에서 매우 중요하다고 강조했던 것도 역시 이와 관련이 있다. 이런 맥락에서 보면 자기가 노예임을 모르고 있는 노예는 일반불안장애 환자와 유사한 상태에 있다고 말할 수 있다. 즉, 그들은 노예로서의 고통이 자기가 노예이기 때문에 생겨나는 것임을 모르고 있기 때문에 자기가 노예임을 알고 있는 노예보다 훨씬 더 고통스러우며, 그것에서 벗어날 수도 없다는 것이다.

사실 엄밀하게 말하자면 사람들이 자기가 살고 있는 세상, 그리고 자기의 사회적 처지에 대해 전혀 모르고 있다고 말할 수는 없다. 왜냐하면 사람들은 자기를 둘러싼 세상을 과학적 이론이나 논리에 기초해 이해하지 못할 뿐이지, 삶 속에서 그것을 끊임없이 경험하면서 무의식에 저장하기 때문이다. 진보운동 진영에서 말하는 대중 의식화든 정신의학에서 말하는 의식화든 간에, '의식화'는 본질적으로 누군가의 마음속에 전혀 존재하지 않던 무엇인가를 외부에서 주입하는 것이 아니다. 그것은 그가 이미 무의식적으로 알고 있던 것을 의식 위로 끌어올려 정리 정돈하는 작업이다.

이런 점에서 본다면 자기가 노예임을 모르고 있는 노예들도 무의식에서는 그것을 알고 있다고 할 수 있다. 하지만 그들은 그것을 의식의 영역으로 끄집어내지 못하는 상태, 다시 말해 개념이나 이론의 차원으로 의식화하지 못한 상태에 머물러 있다. 영화 〈매트릭스〉는 이런 상태—무의식적으로 느껴왔던 사회모순을 의식화하지 못하는 상태—를 다음과 같은 대사로 적확하게 묘사하고 있다.

"평생 느껴왔어. 뭔지는 모르지만 세상이 잘못됐다는 걸 말이야."

매트릭스에 갇힌 채 살아가는 이들이 모두 그러하듯이, 네오는 노예임에도 자기가 노예임을 알지 못하는 고통스러운 상태를 용납할 수 없었다. 그는 결코 '나를 고통스럽게 만드는 원인이 무엇인가?' 하는 질문을 포기하지 않았다. 이를 트리니티는 다음과 같은 말로 설명하고 있다.

"우릴 움직이는 건 질문이지. 그게 널 여기까지 오게 한 거야."

아무리 큰 2차적 고통을 안겨줄지라도 인류가 인지 부조화를 이겨내고 의식화된 삶을 선택했던 것은 그것이 인류에게 자유를 주었기 때문이다. 허위와 거짓은 인류를 노예로 머물게 하지만, 진리는 인류에게 자유 혹은 자유를 향해 나아갈 길을 밝혀준다. 지금까지의 인류가 비록 시간이 걸리더라도 새로운 진리를 두려워하지 않고 받아들여 왔던 까닭, 나아가 오늘날의 인류가 하루빨리 '매트릭스'에서 벗어나야 하는 까닭이 바로 여기에 있다. 네오의 말처럼 사람들이 매트릭스에서 벗어나는 것, 진리를 알게 되는 것을 두려워하는 자들은 따로 있다. 그들은 그저 극소수의 악인들뿐이다.

"너희가 우리를 두려워하는 걸 알고 있다. 너희는 변화가 두려운 거야."

인지 부조화(認知不調和, Cognitive Dissonance)

사람이 지식, 감정, 행동의 제 측면들 가운데 어떤 불일치를 느끼면 불쾌한 내적 상태, 즉 부조화를 경험하게 되므로 그 부조화 상태를 해소하기 위해 자기 합리화를 한다는 이론이다. 1960년대에 미국의 심리학자인 페스팅거가 주장했다.

사람이 인지 부조화 상태를 해소하려 하는 것은 그것이 불쾌한 감정 혹은 고통을 유발하기 때문이다. 인지 부조화를 해결하는 방식은 사람마다 차이가 있는데, 대부분의 정상인은 특별한 이유가 없는 한 진실을 수용하고 인정함으로써 그것을 해결한다. 그러나 거짓말을 해도 무방하다고 생각되는 사소한 인지 부조화의 경우, 인지 부조화의 정상적 해결이 내면에서 부정적인 감정을 유발하는 경우, 인지 부조화의 정상적인 해결이 2차적인 고통을 유발하는 경우에는 자기 합리화를 통해서 그것을 해소—이것은 엄밀하게 말하면 회피이다—하기도 한다.

인지 부조화의 해결방식에는 문화적 차이도 영향을 미친다. 가령 미국인이 아닌 동아시아인을 대상으로 실시한 리버먼Lieberman의 실험은 동아시아인들에게서 자기 합리화 비율이 훨씬 적게 나타난다는 결과를 보여주었다. 이것은 실험이 실시되던 시기에 미국이 동아시아보다 자본주의적 생존경쟁이 훨씬 더 치열했으며, 그로 인해 자기의 잘못이나 부끄러움을 감추려고 하는 심리, 즉 결함이 폭로됨으로써 다른 사람들이나 자기 자신에게 경쟁력이 없는 사람처럼 평가받을까 봐 두려워하는 심리에 기인한 것으로 해석할 수 있다.

Part 3

극단적
감정

감정은 관계를 가능하게 해준다. 그러므로 사랑, 연민, 죄책감 등의 감정을 느낄 수 없는 사
람은 타인들과 정상적인 관계를 맺을 수 없다. 감정이 없으면 관계가 없고 관계 없이는 사
회 자체가 유지될 수 없다. 그것은 지적인 능력은 정상이지만 감정능력이 크게 손상을 입은
인격 장애자, 즉 사이코패스들의 사회일 뿐이기 때문이다.

 사이코패스

감정능력의 손상이 가져오는 재앙
추격자(2008)

:: 우연히 붙잡은 범인

영화 〈추격자〉의 주인공 엄중호는 전직 형사 출신으로 출장 안마소를 운영하고 있다. 그는 자기가 데리고 있던 두 명의 여종업원이 연속적으로 실종되어 신경이 곤두서 있던 차에, 새로 연락을 해온 손님의 핸드폰 번호가 그녀들을 불러냈던 번호와 같다는 것을 알게 된다. 그가 여종업원들을 납치해 팔아먹은 것으로 확신한 엄중호는 김미진이라는 여종업원에게 손님을 따라가 집 주소를 외워 문자 메시지를 보내라고 지시한다. 그러나 그를 따라간 김미진에게서도 연락이 끊기자, 화가 난 엄중호는 김미진의 차가 주차된 근방을 뒤지다 우연히 범인인 지영민이 운전하던 차를 들이받게 된다.

그러나 자기의 잘못이니 "핸드폰 번호를 알려주면 보험처리를 해주겠"다고 하는 엄중호에게 지영민은 반복적으로 "괜찮으니까 그냥 가세요"라고 말한다. 상대방의 비상식적인 태도와 그의 옷에 묻어 있는 핏자국을 보고 이상한 느낌을 받은 엄중호는 핸드폰에 저장해 두었던 손님의 번호로 전화를 건다. 그 순간 지영민의 몸에 있던 핸드폰이 울린다. 그리고 엄중호는 황급히 도주하는 지영민을 끈질기게 추격해 격투 끝에 붙잡는다.

엄중호는 차 사고가 난 곳까지 범인을 끌고 왔으나 경찰의 검문에 걸리게 되고, 그 두 사람은 결국 파출소로 연행된다. 처음에 경찰들은 지영민이 자기의 여종업원들을 팔아먹었다고 주장하는 엄중호의 말을 믿지 않았고, 그가 지영민을 심하게 폭행한 사실에만 주목했다. 그러나 지영민이 자기가 몰고 있던 차의 주인 이름도 모르고, 핸드폰이 없다고 거짓말을 했다가 곧바로 발각되자 경찰은 서서히 그를 의심하기 시작한다.

경찰은 마침내 지영민에게 "아가씨들 팔았지요?" 하고 묻는다. 그러자 지영민은 마치 재미있다는 듯이 히죽히죽 웃으면서 "아니요, 죽였어요"라고 대답한다. 전혀 예상치 못한 의외의 대답에 당황한 경찰이 다시 답변 내용을 확인하자 그는 태연하게 "예, 죽었어요"라고 말한다.

지영민의 폭탄 자백으로 세 명의 여자가 망원동 일대에서 연쇄적으로 살해된 '마포 부녀자 살인사건'을 수사 중이던 서울 경찰청은 발칵 뒤집힌다. 그때까지만 해도 엄중호는 지영민이 연쇄살인범이라는 사실을 믿지 않았기에 그가 거짓말을 하고 있다고 생각했지만,

그가 우연히 붙잡은 지영민은 바로 연쇄살인범, 그것도 사이코패스 연쇄살인범이었다.

:: 사이코패스 연쇄살인범

모든 연쇄 살인범이 사이코패스는 아니지만, 사이코패스 살인범이 연쇄살인을 저지를 확률은 매우 높다. 사이코패스는 감정능력이 크게 손상되어 있어서 살인에 따른 죄책감이나 처벌에 대한 두려움을 거의 느끼지 못하기 때문이다.

사이코패스가 감정능력이 손상된 장애인이라는 것은 다음의 실험을 통해 알 수 있다. 심리학자 리퍼트와 센터Lippert & Senter는 실험 참가자들에게 맛보기로 전기충격을 체험하게 하고는, 10분 후에 전기충격이 가해질 것이라고 예고한 뒤 그들의 생리반응을 측정하는 실험을 시행한 바 있다. 정상인이 공포와 불안을 느낄 때 그의 몸은 심장 박동이 빨라지거나 답답함을 느끼고, 땀이 나고 입안이 마르며, 근육이 긴장되거나 이완되는 등 여러 가지 신체 변화가 나타난다. 그리하여 정상인인 실험 참가자들은 예고된 시간이 다가올수록 점점 예민해지며, 공포와 연관된 생리반응을 보였다. 이에 반해 공포와 같은 감정들을 정상적으로 체험하지 못하는 사이코패스형 실험 참가자에게서는 이러한 신체반응이 거의 나타나지 않았다. 즉 사이코패스는 보통 사람들과 달리 감정을 정상적으로 체험하지 못하는 것이다.

사이코패스는 죄책감이나 두려움 같은 감정이 무엇인지를 언어적으로는 이해할 수 있지만, 그런 감정을 정상적으로 체험하지는 못한다. 따라서 그들은 타인에게 고통을 주더라도 상대방의 고통에 공감할 수가 없으며, 사람을 죽이는 것이 죄인 줄은 알지만 죄책감을 느끼지 못한다. 사이코패스 살인범이 극도로 잔인하고 냉정하게 살인을 저지르며, 살인을 저지른 후 심리적으로 어떠한 제동도 걸리지 않아 또다시 살인을 저지르곤 하는 것은 이 때문이다.

지영민도 그렇다. 그를 심문하던 형사가 왜 피해자들을 망치와 정으로 죽였냐고 묻자 그는 "돼지 잡는 걸 보고 그렇게 했어요"라고 아무렇지도 않게 대답한다. 또 살인을 한 다음에는 시체들의 아킬레스건을 칼로 딴다고 태연하게 말하기도 한다. 형사가 왜 그런 짓을 하느냐고 다시 묻자, 그는 당연한 걸 왜 묻느냐는 투로 이렇게 대답한다.

"그래야 피가 빠지잖아요. 안 그러면 무거워서 못 들어요."

논리적이기는 하지만 아무런 감정변화도 담겨있지 않은 지영민의 대답을 들은 형사는 일순간 멍해진 표정이 되어 허탈하게 웃을 수밖에 없다. 그는 마치 귀신에게라도 홀린 듯 "그렇지. 그래야 가벼워지지" 하고 읊조릴 뿐이다.

지영민이 타인의 고통에 공감할 수 없는 전형적인 사이코패스라는 사실은 경찰서에서 자신의 살인행각을 진술하는 과정에서뿐만 아니라 가련한 피해자를 앞에 둔 상황에서도 여실히 드러난다.

예를 들어 다음 장면은 참으로 섬뜩한 느낌을 준다. 필사적인 노력 끝에 포박을 풀고 지영민의 은신처에서 탈출한 김미진은 동네 어귀에 있는 구멍가게로 숨어들어가 경찰에 신고해달라고 부탁한다. 그런데 그녀가 구멍가게 뒷방에 지친 몸을 누인 채 쉬고 있을 때, 하필 경찰서에서 무혐의로 풀려나게 된 지영민이 그곳에 들어서고 주인의 생각 없는 말 한마디로 말미암아 김미진이 뒷방에 있다는 사실이 발각된다. 그가 가게 주인을 간단히 살해하고 나서 방에 들어서자, 공포에 질린 김미진의 입술과 손은 연속적으로 경련을 일으킨다. 하지만 피투성이가 된 채 온몸을 부들부들 떨고 있던 그녀를 지켜보던 지영민은 아무런 감정동요도 없이 이런 말을 내뱉고는 살해해버린다.

"지랄한다."

말로는 표현하기 힘든, 무서울 정도로 차분하고 냉정한 그의 태도와 발언들이 잘 보여주듯이 지영민은 감정능력이 결정적으로 손상된 사이코패스 살인마였던 것이다.

:: 극단적인 쾌락주의자

지영민에 대한 조사결과를 보고받던 고위 경찰간부가 "근데, 이 새끼 왜 살해 동기가 없어?"라고 외치는 장면이 있다. 그렇다. 지영민에게서는 별다른 살인 동기가 발견되지 않는다. 하지만 각각의 피해자들에 대한 구체적인 살인 동기는 없을 수 있어도 사이코패스 연쇄살인범에게도 살인 동기는 있다. 그것은 과연 무엇일까?

첫째, 살인이 사이코패스에게 강렬한 쾌감 혹은 즐거움을 줄 때 그것은 분명한 동기가 될 수 있다. 사이코패스는 재미를 위해서라면 살인도 불사할 수 있는 극단적인 쾌락주의자이기 때문이다. 기본적으로 쾌락주의자는 불쾌를 피하고 쾌락을 추구하는 사람이라고 할 수 있다. 그러므로 정상인의 범주에 속하는 쾌락주의자라면 살인을 저지르고 나서 강한 불쾌감을 느끼게 마련이므로 통상적으로 살인을 통한 쾌락을 추구하지는 않을 것이다.

이에 반해 사이코패스는 살인에 뒤따르는 부정적인 감정을 정상적으로 체험하지 못하므로, 쾌락을 위해서라면 살인도 마다하지 않는다. 사이코패스는 또한 감정능력이 크게 부족해서 어지간한 자극으로는 쾌감을 느끼지 못한다. 비유하자면 정상인이 1 정도의 자극으로 5 정도의 쾌감을 느낀다면, 사이코패스는 10 정도의 자극이 있어야만 같은 수준의 쾌감을 느낄 수 있다고 할 수 있다. 그러므로 강렬한 쾌감을 느끼게 해주었던 심한 폭력이나 살인의 맛을 본 사이코패스는 점점 더 그것에 빠져들 위험이 커지는 것이다.

사이코패스의 또 다른 살인 동기로는 살인이 사이코패스의 자기 과시욕을 충족시켜줄 경우이다. 사이코패스는 아주 어린 시절부터 감정능력이 크게 손상되어 정상적인 인간관계를 맺지 못한다. 그로 인해 그들은 어린 시절부터 사회에 잘 적응하지 못하며, 사회로부터 반복적으로 배척당하는 경험을 하게 된다. 아마도 상당수의 사이코패스가 세상으로부터 인정받으려는 욕구, 즉 자기 과시욕을 추구하는 것은 이 부분과 관련이 있을 것이다.

영화 〈추격자〉에 등장하는 지영민의 실제 모델은 한때 한국사회를 떠들썩하게 만들었던 사이코패스 연쇄살인범 유영철이다. 그는 2000년대 초반부터 20여 명을 무차별적으로 살해하고 시체를 심하게 훼손했으며, 입에 담기 어려운 잔인하고 엽기적인 행각을 저질렀다. 유영철은 자기 과시욕과 병적인 자아도취 성향을 가지고 있었으며, 체포되어 조사를 받고 현장검증을 하는 과정에서나 유족들과 대면하거나 법정에서 재판을 받는 중에도 일말의 죄책감이나 미안함,

두려움 등을 전혀 느끼지 못하는 모습을 보였다. 실제로 나는 그야 말로 양심을 찾아볼 수 없는 사이코패스의 진면목을 보는 듯했다.

경찰에 체포되고 나서 묵비권과 거짓말로 일관하던 유영철은 고위 경찰간부가 자기를 직접 심문하러 오자 우쭐해져서 자백을 하기 시작했다고 한다. 이것은 그의 살인 동기가 자기 과시욕에 있었음을 여실히 보여주는 대목이다. 그는 마치 게임이라도 하듯이 경찰들을 조롱하고 놀렸으며 다른 범인이 저지른 살인까지도 자기가 했다고 거짓으로 자백했다고 한다. 이러한 행동 역시 그의 과시욕에서 비롯되었을 가능성이 커보인다. 현실 속의 유영철, 그리고 영화 속의 지영민이 연쇄살인을 기획하고 그것을 실행에 옮겼던 주요한 이유 중 하나는 이처럼 자기 과시욕이었던 것이다.

사이코패스는 정상인의 잣대로는 이해하거나 예측하기가 어려운 정신장애자이다. 아마 상당수의 사람이 사이코패스에게 눈뜨고도 당하는 것은 그런 부류의 사람이 존재한다는 사실을 도저히 상상하기 어려워서일 것이다. 이렇게 본다면 사이코패스를 분별해내거나 피하는 것이 하나의 생존문제라고 말하는 것은 결코 과하지 않아 보인다.

사이코패스(Psychopath)²⁾

사이코패스는 감정능력이 치명적으로 손상되어 있는 중증 인격장애자이다. 그들은 자기중심적이고 이기적이며, 냉정하고 잔인하다. 또 무책임하고 충동적이다. 사이코패스는 공감능력이 없어서 타인에게 피해를 입히고도 그들의 고통에 공감하지 못하며, 양심이 없어서 나쁜 짓을 저지르고도 죄책감을 느끼지 못한다. 그렇기 때문에 후회나 반성도 하지 못한다. 이렇게 사이코패스는 오로지 자기 자신만을 위해 살아가는 이기적인 포식자이므로 다른 사람들과 정상적인 관계를 맺지 못한다.

사이코패스는 태내기 혹은 생애 초기의 감정능력 손상에 기인하는 것으로 추정된다. 최근 사이코패스는 감정 뇌가 손상되어 있다는 연구결과가 나오기도 했는데, 감정능력의 손상이란 결국 심리학적으로는 감정 뇌의 손상과 관련된다고 할 수 있다. 이는 생애 초기의 감정능력 손상이 사이코패스의 원인이라는 주장을 뒷받침하는 결과라고 할 수 있다.

생애 초기부터 감정능력이 손상된 경우에는 무엇보다 사회적 욕구, 사회적 감정 등에 의해 지원받는 '사회성'이 제대로 발달할 수 없다. 말하자면 타인을 사랑하고 그들로부터 사랑을 받으려는 사랑의 욕구, 도덕의식과 함께 양심을 구성하는 도덕감정 등이 정상적으로 형성되거나 발달하지 못하는 것이다. 이 때문에 사이코패스는 이기적이고 착취적인 목적을 달성하기 위한 대상만 필요로 할 뿐 정상적인 사회적 관계를 필요로 하지 않는다. 그들은 도덕적으로 무엇이 옳고 그른지 판단할 수는 있지만, 도덕규범을 어긴다 해도 죄책감을 느끼지도 않고 후회를 하지도 않는다.

일부 학자들은 사이코패스를 소시오패스Sociopath(사회병질자)로 부르기도 하며, 미국정신의학회의 DSM-Ⅳ(정신장애의 진단 및 통계 편람, 제4판)에서는 그들을 '반사회적 인격장애자'로 분류하고 있다.(졸저 《사이코패스와 나르시시스트》에서는 사이코패스에 대해 좀 더 자세히 다뤘으니 참고하길 바란다.)

 죄의식

어머니를 배신하다
헬프(The Help, 2011)

∷ 고단한 흑인들의 삶

영화 〈헬프〉는 1960년대 미국 미시시피 주 잭슨 시를 배경으로 흑인 가정부들의 고단한 삶을 그려내고 있다. 과거나 지금이나 미국에서는 흑인에 대한 차별이 여전하지만, 그중에서도 미국의 남부지역은 전통적으로 인종차별이 특히 심한 편이다. 친구 사이인 에이블린과 미니는 그런 험악한 곳에서 백인 가정의 가정부로 일하면서 하루하루를 살아가고 있다. 그들의 삶이 어떠했을지는 다음과 같은 에이블린의 말을 통해 충분히 짐작할 수 있다.

"제 어머니는 가정부였고 할머니는 노예 House slave 였어요."

이 영화에서 흑인에 대해 인종차별을 가하는 대표적인 등장 인물은 힐리이다. 그녀는 지역 사회의 백인 여성들에게 커다란 영향력을 행사하는 지도자급 인사이지만, 흑인 가정부 미니가 화장지를 많이 사용하지 않는지 감시하기 위해 화장지에다 펜으로 미리 표시해둘 정도로 표독스러운 인물이다. 힐리는 심지어 흑인 고용인들이 백인의 화장실을 이용하지 못하도록 야외에 흑인 화장실을 별도로 만들기도 한다.

비바람이 심하게 치는 어느 날, 야외에 있는 흑인 전용 화장실에 가기가 싫었던 미니는 집안에 있는 화장실을 이용하려다 자신의 뒤를 몰래 쫓아온 힐리에게 들켜 해고된다. 그녀는 미니를 해고하는 데 그치지 않고 그녀가 도둑질했다는 헛소문을 퍼뜨림으로써 미니가 재취업할 길을 막기까지 한다. 생계가 막막해진 미니는 자기를 대신해 가족을 부양하기 위해 학교를 그만두고 가정부가 된 딸에게 이렇게 신신당부한다.

"절대 말대꾸하지 마. 절대로. 명심해둬."

힐리의 비정한 면모를 보여주는 장면은 더 있다. 힐리는 미니를 해고하고는 율매라는 새 가정부를 고용하는데, 어느 날 그녀는 대학에 입학한 쌍둥이 아들의 등록금이 필요하니 75달러만 가불해달라는 말을 어렵사리 꺼낸다. 힐리는 다음과 같이 말하며 그녀의 부탁을 한마디로 거절한다.

"알다시피, 신은 일할 수 있는 자에게 관용을 베풀지 않아요. 남한테 의지하지 말고 돈은 스스로 버셔야죠. 언젠가 이런 나에게 고마워할 날이 올 거에요."

한편 힐리와는 달리 흑인들을 도와주려고 애쓰는 선량한 백인들도 일부 있었는데, 그 대표적인 인물은 작가 지망생 스키터였다. 그녀는 한동안 외지에 나가 있다가 고향으로 돌아와 지역 신문사에 취직하게 되었고, 신문 칼럼을 쓰는 데 도움을 받기 위해 에이블린과 자주 접촉하곤 했다. 이 과정에서 그녀는 흑인 가정부들의 삶과 애환을 책으로 출판해야겠다는 생각을 하게 된다.

스키터는 인종차별주의가 극성을 부리는 남부지역 출신인데, 무슨 까닭으로 흑인에 대한 인종차별을 반대하고 그들을 도와주려 한 것일까? 그것은 그녀가 인종차별이 덜한 외지에서 살다가 돌아왔다는 사실, 나름대로 공부를 많이 한 지식인이었다는 것과 어느 정도 관련이 있을 것이다. 하지만 좀 더 근본적인 이유는 그녀가 콘스탄틴이라는 흑인 가정부에 의해 양육되었다는 사실에서 찾아볼 수 있다.

콘스탄틴은 스키터의 집에서 무려 29년 동안이나 일하면서 스키터뿐 아니라 그녀의 어머니까지 돌봐준 할머니 같은 존재였다. 콘스탄틴과 스키터의 관계가 어떠했는지는 그녀의 사춘기 시절 일화를 보면 쉽게 짐작할 수 있다.

학교 댄스파티는 다가오는데 자기한테 춤추자고 청하는 남학생이 하나도 없자 스키터는 초조했다. 그녀는 미인대회에서 세 번이나 수상을 했던 어머니를 볼 면목이 없다고 괴로워하며 정원에 있는 벤치에 홀로 앉아 있었다. 그 모습을 본 콘스탄틴은 그녀의 옆자리에 앉아 "자책하지 마. 추하다는 것은 외모가 아니라 마음에서 비롯되는 거야"라고 말해준다. 그리고 "네가 엄마에게 부끄러워할 필요도, 엄마의 기준에 너를 맞출 필요도 없다"라고 하면서 이렇게 격려해준다.

"너의 엄마가 네 삶을 결정해주는 게 아니야. 네가 결정하는 거지.
너는 분명히 큰일을 할 거야. 두고보렴."

스키터가 흑인들에 대한 인격적 모독과 부당한 차별대우를 용납할 수 없었던 것은 이렇게 흑인 가정부 콘스탄틴이야말로 그녀가 가장 사랑했던 존재, 어머니 이상의 존재였기 때문이다.

스키터가 최초로 인터뷰했던 에이블린 역시 자기 딸을 전혀 돌보지 않는 엘리자베스 대신 아이를 항상 따뜻하게 품어주는 진정한 엄마였다.

:: 어머니를 배신한 자식들

미국 남부의 중상류층 백인 중 상당수는 콘스탄틴이나 에이블린 같은 흑인 가정부의 손에 양육되었다. 그렇다면 그런 백인들이 나중에 어른이 되면 스키터처럼 인종차별을 반대해야 마땅한데, 현실은 그렇지가 않았다. 이를 두고 미니는 이렇게 투덜대기도 했다.

"어렸을 때 죽어라 키워놓으면, 커서는 지들 엄마처럼 변해버리고······."

스키터의 경우를 보더라도 백인 중에 스키터 같은 사람이 좀 더 많아야 이치에 맞는다고 할 수 있다. 설사 모든 흑인 가정부들이 콘스탄틴이나 에이블린처럼 백인 고용주의 아이들을 친자식같이 정성스럽게 양육하지는 않는다 해도 말이다. 엘리자베스의 딸만 하더라도 "에이블린은 내 진짜 엄마야"라고 말하지 않는가. 그런데 어린 시절 흑인 가정부에 의해 양육된 남부 백인들이 왜 커서는 대부분 배은망덕한 인종차별주의자가 되어버린 것일까?

가장 큰 이유는 사회적 압력이라고 할 수 있다. 노예제가 존재하던 시절부터 인종차별주의를 신봉해온 미국 남부의 주류 백인 사회는 그것에 반대하는 백인을 배척하고 공격했다. 이를테면 미국 남부에서 활약했던 악명 높은 인종차별주의 테러조직인 KKK단은 단지 흑인만이 아니라 그들을 돕는 백인까지 테러를 가했다. 이쯤되면 간단히 무시할 수 있는 사회적 압력은 아니었을 것이다.

이 때문에 어린 시절 흑인 가정부한테서 양육된 남부 백인들은 나이가 들면서 둘 중 하나를 선택해야만 하는 상황에 직면하게 되었다. 하나는 어머니나 마찬가지인 흑인 가정부에 대한 사랑과 감사의 마음을 유지하는 것인데, 그럴 경우에는 백인 사회로부터 배척과 공격을 당할 것을 각오해야 했다. 다른 하나는 인종차별주의자가 됨으로써 주류 백인 사회에 합류하는 것인데, 그러려면 자기를 사랑해주고 키워준 흑인 어머니를 배신해야만 했다. 안타깝게도 대부분의 백인들은 사회적 압력에 굴복해 후자를 선택함으로써 어머니를 배신하는 패륜의 길로 들어섰는데, 이러한 행위는 그들을 정신적으로 병들게 했다.

:: 죄의식을 방어하기 위한 수단

자기에게 은혜를 베풀어주었던 사람의 등에 비수를 꽂는 배신행위는 심각한 죄의식을 유발함으로써 고통스럽게 한다. 자기를 키워준 흑인 가정부에 대한 배신행위 역시 같은 결과를 가져왔을 것이다. 자, 이들은 어떻게 되었을까?

이런 경우에 사람들이 가장 흔하게 사용하는 방어기제가 있다. 바로 '합리화'이다. 말하자면 이런 것이다. 흑인 어머니를 배신한 행위와 흑인들에게 저지른 악행은 백인들의 마음속에 알게 모르게 죄의식으로 남고, 그것은 필연적으로 고통스러운 감정을 유발하게 된다. 그들은 이제 그 고통에서 도망치기 위해 그럴싸한 이유를 만들어 자기 행동을 정당화하기 시작한다. 예를 들면 '흑인은 병균을 옮기는 더러운 존재이다', '흑인은 도둑질을 밥 먹듯이 한다', '흑인은 열등한 인종이다'와 같은 편견을 수용하고 확산함으로써 흑인들에 대한 악행을 합리화하는 것이다. 일단 자기 합리화에 의해 편견이 만들어지면 그것은 더 큰 악행을 부추기게 마련이다. 그 결과 죄의식이 한층 심화하여 더 악독한 합리화를 하게끔 하는 악순환의 흐름이 만들어진다.

영화 속에서 극단적인 인종차별주의자를 상징적으로 보여주는 힐리는 백인들에 의해 아프리카에서 미국 땅으로 강제로 끌려왔다는 '죄 아닌 죄'로 비참한 삶을 살게 된 흑인들에게 조금의 자비도 베풀지 않는다.(그녀는 자기의 죄의식을 덜기 위해서인지 가증스럽게도 아프리카 흑인 아동을 위한 모금조직의 회장을 맡고 있다.) 그녀는 자기의 악행을 합리화하기 위해 다음과 같은 발언을 일삼는다. 여기에는 흑인들이 언젠가는 백인들에게 보복할지도 모른다는 죄지은 자 특유의 두려움이 그대로 표출되어 있는 듯하다.

"그들은 위험한 질병을 퍼뜨린대."

흑인에 대한 죄의식이 도리어 인종차별주의의 원인이 될 수 있다는 것은 스키터의 어머니를 봐도 잘 알 수 있다.

다음 장면을 보자. 어느 날 스키터는 TV를 보고 있었다. TV에 나오는 흑인이 인종차별을 비판하는 발언을 하자 그녀의 집에서 일하던 흑인 가정부와 정원사는 하던 일을 멈춘 채 그녀가 앉아있던 소

파 뒤에 서서 같이 TV를 지켜보았다. 2층에서 내려오다가 그 장면
을 목격한 스키터의 어머니는 TV 앞으로 달려가 거칠게 전원을 꺼
버리면서 딸에게 이렇게 외쳤다.

"쟤들 기 살려주는 짓 하지 마!"

딸과 마찬가지로 콘스탄틴의 손에 자란 스키터의 어머니는 원래
흑인을 차별하는 여성이 아니었다. 하지만 이 일화가 보여주듯이 그
녀는 어느새 인종차별주의자가 되어버렸는데, 그 원인은 다름아닌
콘스탄틴에 대한 죄의식이었다.

스키터가 고향을 떠나 있었을 때, 그녀의 어머니는 '훌륭한 미국
여성'으로 임명된 적이 있었다. 그것을 축하하기 위해 그녀의 집에
서는 워싱턴에서 온 거물급 여성인사들이 참여하는 축하 만찬이 열
렸다. 그런데 만찬이 한창 진행되고 있는데 누군가가 문을 두드렸
다. 오랜만에 어머니를 만나러 온 콘스탄틴의 딸이었다. 평소라면

스키터의 어머니는 그녀를 그곳으로 들어오게 했을 것이다. 하지만 심한 인종차별주의자들인 주류 백인 여성들과 함께하는 자리였기에, 그녀는 문을 열어주지 않은 채 콘스탄틴의 딸에게 부엌에 가서 기다리라고 말했다.

그전에는 한 번도 경험해보지 못한 처사에 기분이 상한 콘스탄틴의 딸은 결국 문을 벌컥 열고 들어와서는 손님들의 시중을 들고 있던 어머니를 보란듯이 포옹했다. 그러자 한 거물급 여성인사가 "당신은 이런 무례를 참을 수 있을지 몰라도 난 참을 수가 없군요"라고 말하며 스키터의 어머니에게 신경질을 냈다. 비록 콘스탄틴과 그녀의 딸을 사랑했지만, 그에 못지않게 명예욕이 강하고 주류 백인 사회에서 배척당하는 것을 두려워했던 스키터의 어머니는 결국 사회적 압력에 굴복했다. 그녀는 두 모녀에게 "당장 나가!"라고 소리치고 말았다.

자기가 그토록 애지중지 키웠던 스키터의 어머니로부터 청천벽력과도 같은 말을 들은 늙은 콘스탄틴은 어떻게 되었을까? 그녀는 문밖으로 쫓겨나서도 계속 울먹이면서 창문에다 손바닥을 대고는 애처로운 눈길로 스키터의 어머니를 올려다보았다. 그러나 그렇게 좀처럼 떠나지 못하는 콘스탄틴을 향해 그녀는 마치 쐐기를 박듯 안쪽 문을 닫아버리고 말았다.

그 사건이 벌어진 다음날, 스키터의 어머니는 콘스탄틴을 찾아갔으나 이미 어디론가 떠나버린 후였다. 이후 그녀는 아들을 시켜 시카고에 살고 있다는 콘스탄틴을 찾아보았으나 안타깝게도 저세상 사람이 되어 있었다. 결국 이 사건으로 스키터의 어머니는 죄의식에 짓눌리게 되었고, 그 고통을 조금이라도 덜어내기 위해 인종차별주의자가 되어버렸던 것이다.

:: 반성과 사죄

죄의식으로부터 해방될 수 있는 유일한 방법은 진실한 반성과 사죄뿐이다. 그렇게 하지 않고서는 그 죄의 대가로 천벌을 받거나 보복을 당할지도 모른다는 극심한 공포나 죄의식, 그리고 그로부터 도망치기 위해 사용하는 방어기제인 강박적 합리화에서 벗어날 수 없다.

　다행히도 스키터의 어머니는 반성과 사죄를 통해 죄의식에서 해방되고 합리화의 덫에서 빠져나올 수 있었다. 콘스탄틴 문제에 대해서 철저히 함구하는 식구들을 의아하게 여기던 스키터가 어느 날 어머니를 추궁하여 사건의 전모를 듣게 된 것이다. 모든 사실을 알게 된 스키터는 어떻게 어머니나 마찬가지인 콘스탄틴에게 그런 짓을 할 수 있느냐고 비판하면서 이렇게 절규했다.

　　"엄마는 그녀의 가슴에 못을 박은 거예요."

　울부짖으며 방에서 뛰쳐나가는 딸을 향해 스키터의 어머니는 "미안하다"라는 말을 연발하며 마음껏 오열했다. 비록 용서받기 어려운 행동을 했지만, 스키터의 어머니는 이렇게 자기의 죄를 솔직히 고백하고 딸과 콘스탄틴에게 진심으로 사죄함으로써 마음의 병을 치유할 수 있었다. 그녀는 이제 흑인 가정부들의 삶을 담은 《헬프》라는 책이 출간되자 잔뜩 화가 나 집으로 찾아온 힐리를 남의 눈치 보지 않고 쫓아낼 수도 있게 되었다.

스키터의 어머니는 죄의식에서 해방된 만큼 더는 인종차별주의자로 살 필요가 없었다. 마음의 병을 극복한 그녀는 주류 백인 사회에서 공공의 적이 되어버린 딸에게 다음과 같은 응원의 말을 건네기도 했다.

"우리 집안을 자랑스럽게 해줘서 고맙구나."

어쩌면 《헬프》라는 책은 스키터 가문에게 있어서는 콘스탄틴에게 바치는 사죄문이나 애도문이었을지도 모른다. 이에 반해 여전히 완고한 인종차별주의자 힐리는 《헬프》라는 책이 나오자 엘리자베스를 압박해 에이블린을 해고하게 했을 뿐만 아니라, 미니에게 그랬듯이 그녀에게도 도둑 누명을 씌우려 했다. 그러자 순한 에이블린도 더 이상 참을 수가 없었는지 힐리의 눈을 뚫어지게 노려보면서 이렇게 쏘아붙였다.

"넌 정말 나쁜 년이야. 지치지도 않나 보지? 지치지도 않아?"

에이블린의 말을 들은 힐리는 마치 심장을 송곳에라도 찔린 듯 온 몸을 부들부들 떨면서 울다가 도망쳐버렸다. 그녀의 압박에 굴복해 에이블린을 해고했던 엘리자베스 역시 죄책감에 휩싸여 울음을 터 트렸다. 이 장면은 거의 강박적으로 흑인들을 괴롭히고 공격하는 힐 리와 같은 백인들이 실상은 마음 깊은 곳에 자리 잡고 있는 극심한 죄의식으로 고통스러워하고 있음을 단적으로 보여준다. 하지만 아 직도 상당수의 미국 백인들은 흑인들에게 진정한 반성과 사죄를 하 지 않고 있기에 죄의식에서 해방되지 못했고, 그 결과 흑인들에 대 한 차별과 공격을 멈추지 못하고 있다.

죄의식 (罪意識, Guilty Cousaence)

죄의식이란 간단히 말하면 '자신이 지은 죄에 관련된 의식' 이라 고 할 수 있다. 여기에는 타인에게 상해를 입혔다거나 사기를 쳤 다거나 하는 자신이 저지른 잘못에 대한 내용, '나는 죄를 지었 다', '나는 용서받을 수 없는 죄인이다' 같은 죄를 지은 자신에 대한 부정적인 평가, 죄를 지은 대상으로부터 보복을 당하거나 천 벌을 받게 될 거라는 두려움 등이 포함된다. 엄밀히 말하자면 죄 의식은 일종의 관념이며 의식이고 죄책감은 죄의식과 결합되어 있는 감정이지만, 심리학에서는 죄의식을 죄책감 같은 감정까지 포함하는 개념으로 사용하는 경우가 많다.
죄의식은 중요한 사회적 욕구 중 하나인 '양심의 욕구' 가 좌절된 결과로 생겨난다. 그것은 진실된 반성과 사죄, 나아가 죄값을 치르는 행위를 통해서만 없앨 수 있다. 그러므로 반성과 사죄를 회피하거나 거부하면 죄의식은 계속해서 누적되어 비대해지게 된다. 그렇게 하여 죄의식이 야기하는 심적 고통을 감당하지 못할 경우 사람은 종종 죄의식을 억압하기도 하는데, 그런 죄의식을 '무의식적 죄의식'이라고 한다.

문제는 죄의식을 의식에서 밀어내어 억압하는 데 성공하더라도 그것이 사라지지 않는다는 것이다. 죄의식을 떨쳐버리지 못한 사람은 계속해서 악몽을 꾸거나 원인 모를 불안증에 시달리는 등 심적 고통에서 벗어날 수 없으며, 심한 경우에는 정신병에 걸리기도 한다. 죄의식이 심한 사람은 그것이 자극받을 경우 극단적인 반응을 보이는가 하면, 자신의 죄의식을 외부의 대상에 투사하여 희생양을 만들고 그 대상을 잔인하게 공격하는 경향도 있다.

또한 사회집단이 주체가 되어 반복적으로 죄를 저지르면 그 집단은 집단적 죄의식을 갖게 되는데, 아메리카 원주민을 학살한 미국인들이나 한국을 식민지로 만들어 가혹하게 탄압하고 착취했던 일본인들을 그 예로 들 수 있다. 이렇게 사회집단 자체가 집단적 죄의식에 시달리는 경우 만성적인 불안과 공포에서 벗어날 수 없으며, 사회적 소수집단이나 약자집단을 희생양으로 삼아 공격하는 경향은 더욱 극대화되기도 한다.

이런 문제에서 벗어나려면 당연히 집단적이고 공개적인 반성과 사죄가 필수적인데, 제2차 세계대전에서 유대인을 학살했던 독일인들은 어느 정도 반성과 사죄를 한 반면 미국이나 일본은 지금까지도 제대로 된 반성과 사죄를 하지 않고 있다.

 망상

인정받고 싶다, 사랑받고 싶다
뷰티풀 마인드(Beautiful Mind, 2001)

:: 사회성 없는 천재

어린 시절부터 천재로 이름을 날리는 아이들 중 상당수는 안타깝게
도 어른이 된 후에는 사회생활에서 성공하지 못하는 경우가 많다.
그 원인 중 하나는 그런 아이들이 '사회성'—좁은 의미에서는 사교
성—을 개발하지 못한 데 있다. 예를 들어 일곱 살 난 꼬마를 천재
라는 이유로 중·고등학교를 건너뛰고 대학교에 곧바로 입학시키
면, 그 아이는 또래들과 어울릴 기회를 상실하기 때문에 사회성을
개발하기가 어렵다.

영화 〈뷰티풀 마인드〉의 주인공인 천재 수학자 존 내쉬의 과거가
어떠했는지 세세하게 알 수는 없다. 하지만 그가 사회성이 매우 부
족한 천재였음은 분명해 보인다. 초등학교 시절에 내쉬를 가르쳤던

한 선생은 그에 대해 "뒤뇌는 명석하지만 감성이 부족하다"라고 평했다. 감성, 즉 감정적 반응능력이나 공감능력 등은 사회성의 핵심이므로 그가 일찍이 어린 시절부터 사회성을 계발시키지 않았거나 그럴 기회를 갖지 못했음을 짐작할 수 있다.

1947년, 프린스턴 대학교 대학원에 입학한 내쉬는 자타가 공인하는 천재였으나 사교성이나 사회성이 전무한 인물이었다. 그가 얼마나 사교성이 없었는지는 처음 만난 친구에게 불쑥 꺼낸 다음과 같은 말에서 잘 나타난다.

"난 너의 전공이 계산착오인 줄 알았어. 너의 논문을 읽어봤어. 둘 다. 나치 암호, 비선형 방정식 둘 중 어디에도 독창성과 혁신적인 면이 보이지 않았어."

이렇게 치명적으로 부족한 사교성 때문에 내쉬는 대인관계를 원만하게 풀어가지 못했고, 친구들은 그런 그를 멍청이 취급하며 놀려대기 일쑤였다. 하루는 술집에서 친구들이 그를 골려주려고 한 아리따운 여성과의 만남을 주선했다. 친구들한테 등을 떠밀려 그 여성 앞에 무작정 앉기는 했으나 내쉬는 한마디 말도 꺼내지 못한 채 우물쭈물했다. 그러자 답답해진 여성이 먼저 말을 걸었지만, 내쉬는 다음과 같은 황당한 말을 해서 그 여성한테 뺨을 맞고 말았다.

"너를 나와 자게 하려면 어떻게 유혹해야 할까?"

혼자서 쓸쓸하게 대학원 시절을 보낼 수밖에 없었던 내쉬에게 유일하게 힘이 되어주었던 친구는 룸메이트 찰스였다. 그는 비사교적이고 고지식한 내쉬와는 정반대로 대인관계에 거침이 없고 솔직하고 자유분방한 인물이었다. 그런 찰스가 내쉬를 처음으로 만나 인사를 건넬 때도 내쉬는 대꾸조차 하지 않았다. 그가 다시 내쉬를 향해 "대꾸도 안 하는군!"이라고 투덜대자 내쉬는 방해하지 말라는 투로 "연구하는 중이야"라고 짧게 답했다. 심드렁해진 그가 내쉬의 과자를 하나 집으려고 하지만 내쉬는 과자조차 못 먹게 했다. 내쉬의 어이없는 행동을 보다 못해 찰스는 이렇게 한탄했다.

"내 룸메이트가 이렇게 밥맛없는 친구였어?"

비록 첫 만남은 무척이나 껄끄러웠지만, 찰스는 내쉬가 잘못을 하면 지적해주고 실의에 빠지면 위로해주는 둘도 없는 친구가 되어주었다. 내쉬가 세상이 깜짝 놀랄 성취를 이루어야 한다는 강박감에 휩싸여 발작을 일으킬 때면 찰스는 그에게 차라리 죽어버리라고 고함을 치면서 따끔하게 비판해주었고, 내쉬가 방에만 틀어박혀 있으려고 하면 그의 물건들을 창밖으로 집어던져 억지로 그를 세상으로 끌고 나가기도 했다.

비록 사회인으로서는 자격 미달이었지만 내쉬는 천재 수학자답게 뛰어난 논문을 완성해 경쟁자였던 친구 마틴을 꺾고 1953년에 모두가 선망하던 '윌러 국방연구소'에 들어간다. 그리고 대학에서 강의도 하게 된다. 그러던 어느 날, 국방부에서 내쉬를 불러 소련(현재의 러시아)의 무전내용을 해독해달라는 요청을 한다. 그 무전은 매우 복잡한 암호로 만들어져 있어 슈퍼컴퓨터조차 풀지 못했지만, 그는 그 암호를 완벽하게 해독해내고 유명세를 얻게 된다. 하지만 바로 그때부터 그는 망상에 시달리게 된다.

내쉬는 암호해독을 위해 국방부에 갔을 때부터 검은 양복에 검은 모자를 쓰고 있는 망상 속의 인물 파처를 보게 된다. 그는 내쉬에게 소련의 스파이들이 잡지나 신문 같은 대중매체를 통해 주고받는 암호를 해독해달라는 비밀임무를 맡긴다. 그 일을 맡은 뒤부터 내쉬는 누군가가 자기를 감시하고 미행하고 있으며, 심지어는 죽이려고 한다는 망상 속에 살게 된다. 그의 증세는 계속 심해져서 사회생활을 할 수 없는 지경에 이르고, 결국 그는 정신병원에 강제로 감금당해 치료를 받게 된다.

내쉬의 병명은 '망상'을 주요 증상으로 하는 정신분열증이었다. 타인들로서는 이해하기 쉽지 않지만, 망상은 그것을 만들어내는 당사자의 심리상태와 밀접한 관련이 있다. 그렇다면 내쉬가 망상을 갖게 된 것은 무엇 때문이었을까?

우선은 인정 욕구를 꼽을 수 있다. 내쉬는 세상으로부터 인정받으려는 욕구가 아주 강한 사람, 다시 말해 세상의 인정에 강박적으로 집착하는 사람이었다.

다음 장면을 보자. 프린스턴 대학에서는 훌륭한 업적을 남긴 교수에게 다른 교수들이 존경심을 표현하는 의미로 자기들의 만년필을 선물하는 전통이 있었다. 행사에 참석해 그 장면을 함께 지켜보던 지도교수가 대학원생 내쉬에게 저것이 무엇을 의미하는지 알겠느냐고 묻자, 그는 "세상의 인정입니다"라고 답한다. 교수가 어이없어하며 "빛나는 성취는 보이지 않나?"라고 하자, 내쉬는 다시 "차이가 있을까요?"라고 반문한다.

이렇게 인정받고 싶은 욕구가 강했던 내쉬는 그것을 쟁취하기 위해 무엇을 무기로 삼으려 했을까? 그는 룸메이트인 찰스에게 이렇게 말한 적이 있다.

> "독창적인 아이디어를 연구하는 길만이 나를 부각시키는 유일한 방법이야."

그의 말에도 잘 드러나 있듯이 수학 외에는 다른 재능이 없었던 내쉬로서는 연구에 목숨을 걸 수밖에 없었다. 그래야만 사회가 자기를 인정해줄 거라고 굳게 믿었기 때문이다.

사회의 인정에 과도하게 집착한다는 것은 역으로 말하면 그것을 받지 못하는 것을 과도하게 두려워한다는 의미이다. 그래서 내쉬는 자기 일에서 만족할 만한 성과를 내지 못하면 극도로 심한 스트레스를 받곤 했다. 한번은 약(정신집중을 방해하는 부작용이 있는 약이었다.)을 복용하는 와중에도 내쉬가 억지로 연구에 매달리자, 그의 아내가 무리하지 말라면서 "일 말고 다른 것도 있잖아"라고 말한 적이 있다. 그러자 내쉬는 슬픈 표정을 지으면서 그녀에게 이렇게 반문한다.

"그게 뭔데?"

세상으로부터 인정받기를 갈망하는 그의 과도한 욕구는 파처와의 대화에서도 선명하게 드러난다. 파처가 핵폭탄이 비록 위대한 발명이기는 하지만 그로 인해 일본의 민간인 15만 명이 사망하지 않았냐고 하자, 내쉬는 대수롭지 않다는 듯이 이렇게 대꾸한다.

"위대한 행동엔 희생이 따라요."

사실 망상 속의 비밀요원 파처는 내쉬의 인정 욕구를 충족시켜주는 인물이다. 파처가 "내가 아는 사람 중에서 당신의 암호해독 실력이 가장 뛰어나다"라고 칭찬을 해주자 내쉬는 어쩔 줄 몰라 하며 흡족한 표정을 짓는데, 이는 그가 위험한 임무를 맡은 가장 중요한 이유가 망상 속의 인물인 파처로부터 인정받고 싶어서였음을 간접적으로 보여준다.

내쉬가 망상을 갖게 된 또다른 이유는 세상에 대한 두려움이다.

인정 욕구가 병적으로 강하다는 것은 곧 세상이 자기를 싫어할지 모른다는 두려움과도 통한다. 파처가 "당신에겐 가족도 친구도 없나?"라고 묻자 "실은 사람들이 나를 싫어해요"라고 말했던 것, 아내가 외출을 권유하자 "소용없어. 창피만 당한다고"라고 대답했던 것 등은 그의 두려움을 극명하게 보여준다.

세상이 자기를 싫어할 거라는 믿음, 그리고 세상에 대한 내쉬의 두려움은 1950년대에 미국을 휩쓸던 매카시즘 선풍에 의해 한층 악화되어갔다. 당시 미국에서는 소련의 위협을 부풀리면서 정부에 반대하는 사람들에게 소련의 스파이라는 누명을 씌워 처벌하는 일종의 마녀사냥이 기승을 부리고 있었다. 이러한 살벌한 분위기는 내쉬의 불안감을 크게 자극하였고, 그 결과 그는 소련이 미국을 핵폭탄으로 공격하려 한다는 망상과 소련의 스파이들이 자기를 죽이려고 한다는 망상을 갖게 되었다.

내쉬는 이제 소련의 스파이들이 자기를 도청하고 미행한다는 망상으로 말미암아 엔진 시동 소리, 문 닫는 소리에도 커다란 불안감을 느끼게 되었다. 심각한 망상으로 인해 사회생활이 어려워지고, 그럴수록 현실을 더욱더 두려워하게 된 내쉬는 결국 현실에 발을 붙이지 못하고 망상 속에 갇혀 살아가게 된 것이다.

:: "바깥 세상에 답이 있어."

사실 내쉬는 진작부터 정신병 치료를 받았어야 했다. 이에 대해 그를 치료한 정신과 의사 로젠은 이렇게 말했다.

"(내쉬는) 오랫동안 치료받지 못한 채 방치되어 왔어요."

그 말을 들은 내쉬의 아내 엘리샤가 "얼마나 오랫동안?"이라고 묻자, 의사는 이미 대학원 시절부터 그에게 환각이 나타났다고 말했다. 놀랍게도 대학원 시절 내쉬는 내내 독방을 사용했으며, 그를 전적으로 수용하고 사랑해주었던 룸메이트 찰스 역시 그가 창조한 망상 속 인물이었던 것이다. 찰스는 외롭고 두려운 세상에서 아무 조건 없이 자기를 사랑하고 인정해주는 사람, 자기가 잘못된 길로 들어서거나 주저앉지 않도록 막아줄 사람, 자기에게 없는 장점들을 모두 가진 멋진 사람을 원하는 내쉬의 소망이 만들어낸 가공의 인물이었다.

정신분열증은 무엇이 현실이고 무엇이 환상인지를 구분하지 못하는, 치료하기가 아주 어려운 중증 정신병이다. 그럼에도 내쉬는— 비록 죽을 때까지 환각을 없애지는 못했으나— 망상과 현실을 구분할 수 있게 되었고, 그에 따라 사회생활도 할 수 있게 되었다. 어떻게 그런 일이 가능했을까?

정신분열증 환자를 많이 상대했던 칼 융은 환자를 극진히 사랑해주는 누군가가 있으면 병이 나을 수도 있다는 말을 한 적이 있다. 융의 말처럼 내쉬의 병이 호전될 수 있었던 것은 그를 끝까지 포기하지 않고 사랑해준 아내 엘리샤, 그리고 한때 라이벌이었음에도 그를 사랑해주고 배려해준 옛 친구 마틴 등이 있어서였다.

마틴은 대학원 시절 내내 내쉬와 경쟁관계에 있었고, 졸업 무렵에는 윌러 국방연구소가 내쉬를 선택함으로써 쓰라린 패배의 경험을 한 인물이었다. 그 이후 내쉬는 정신분열증으로 인해 폐인처럼 살고 마틴은 모교인 프린스턴 대학의 학장이 되어 상황이 역전되었지만 말이다.

재기하기로 결심한 내쉬는 어느 날 어렵사리 용기를 내어 학교를 방문했다. 그리고 학창시절의 라이벌 마틴에게 학교 도서관에서 공부할 수 있게 해달라는 말을 가까스로 꺼냈다. 그러자 마틴은 우리는 친구가 아니냐면서 그의 요청을 흔쾌히 들어주었다.

마틴은 또한 자기 방 창문을 통해 내쉬가 대학 캠퍼스에서 헛것들과 싸우느라 고함을 치면서 지팡이를 휘두르고 있는 광경을 보자, 한달음에 달려 내려가 내쉬를 뜨겁게 포옹해주기도 했다. 학장 신분임에도 내쉬를 비웃고 놀리는 주변의 눈들을 아랑곳 하지 않고서……. 마틴은 훗날 내쉬가 도서관에서 일부 학생들을 가르치기 시작했을 때에도, 내쉬가 정식으로 학생들을 가르치고 싶다고 요청했을 때에도 그의 부탁을 들어주었다. 이처럼 그가 일관되게 보여준 진정한 우정과 인간에 대한 예의는 뭇 사람들을 감동시키기에 충분했다. 그의 진실한 우정은 내쉬의 병을 낫게 하는 데도 크게 기여했다.

신을 원망할 정도로 괴로워했던 엘리샤 역시 차마 말로는 표현하지 못할 어려움을 겪으면서도 정신분열증에 걸린 내쉬의 곁을 떠나지 않았다. 아내로서의 의무감, 남편을 버린다고 상상했을 때 엄습해오는 죄책감 등이 그녀를 지탱해주었기 때문이다.

그러던 어느 날, 약을 끊어 환각을 다시 경험하기 시작한 내쉬는 찰스가 아기를 돌보고 있는 줄로만 알고 아기를 욕조에 둔 채로 나와버린 사건이 벌어졌다. 엘리샤가 조금만 늦게 알았어도 아기가 익사할 뻔한 것이다. 이 사건으로 더 이상은 함께 할 수 없다고 생각한 아내가 내쉬를 떠나려 하자 그의 두려움은 극에 달했고, 망상 속의 인물들도 모두 한 자리에 등장하게 되었다.

파처는 엘리샤가 비밀을 너무 많이 안다면서 그녀를 죽이라고 강요했다. 사실 파처는 내쉬의 소망이 만들어낸 인물, 즉 그의 소망을 망상 속에서 충족시켜주는 인물이라고 할 수 있다. 반면에 엘리샤는 내쉬의 소망을 현실에서 충족시켜주었던 현실 속의 인물이었다. 망상 속의 소중한 사람과 현실 속의 소중한 사람이 경합하는 이 상황, 다시 말해 망상 속으로 더 깊이 도피할 것인지 현실로 돌아올 것인지의 갈림길에서 내쉬는 무엇을 선택했을까?

만일 엘리샤가 정신병에 시달리는 남편을 구박하거나 홀대하는 여성이었다면 내쉬는 파처의 강요를 이기지 못해 아내를 살해하고, 더 깊은 망상의 세계로 숨어들었을지도 모른다. 하지만 엘리샤는 남편을 진심으로 사랑하는 아내였기에 그녀를 죽이라는 파처의 요구는 오히려 내쉬를 정신병에서 벗어나게 만들었다. 그는 문득 아무에게도 정체를 드러내지 말아야 할 비밀요원인 파처가 아내나 찰스와 같이 있는 것이 불가능하다는 생각을 하게 되고, 마침내 파처가 망상 속의 인물임을 온몸으로 깨우치게 되었다. 결국 엘리샤의 남편에 대한 사랑과 내쉬의 아내에 대한 사랑이 내쉬가 중증 정신병에서 탈출할 수 있게 한 결정적인 힘이 되어준 것이다. 사랑이 깊으면 돌에도 꽃이 핀다고 하지 않던가.

어느덧 백발이 된 내쉬는 1994년에 노벨상 수상 소감을 발표하는 자리에서 아내를 향해 "나는 당신 덕분에 이 자리에 섰어요"라고 감사의 마음을 전한다. 내쉬는 자신을 진심으로 사랑해주었던 사람들이 있었기 때문에 그렇게 망상의 세계에서 현실로 돌아올 수 있었다.

어떤 이들은 천재와 정신병자는 동전의 양면이니 천재는 정신병을 어느 정도 앓아도 괜찮지 않느냐고 말하기도 한다. 하지만 내쉬에게 정신병이 없었다면 그는 분명히 더 행복했을 것이고, 세상을 위해서도 더 많은 일을 하지 않았을까? 만약 우리 눈앞에 어린 천재들이 사회성이 부족한 모습을 보여주면 그냥 스쳐 지나가지 말고 관심을 가져줄 필요가 있다. 그것은 현실도피의 원인이 될 수 있으므로 꼭 고쳐줘야 한다. 망상 속의 인물인 찰스가 주인공 내쉬에게 했던 말처럼, 현실에 발을 붙이지 못하는 천재는 그 자신에게도 세상에게도 불행이기 때문이다.

"처박혀 있다고 되는 게 아니야. 바깥 세상에 해답이 있어."

망상(妄想, Delusion)

망상은 그 내용이 비현실적이며 비합리적이지만 본인은 상당한 확신을 가지고 있으며, 경험과 논증이 거의 영향을 주지 못한다는 점에서 일반적인 사고(혹은 관념)와 구별된다.

망상을 가지고 있는 사람은 동기와 감정으로 뒷받침된 확고한 주관적 확신을 가지고 그것을 고집한다. 자기를 신적인 존재나 위대한 인물로 착각하는 '과대망상', 자기가 타인들이나 세상으로부터 부당하게 피해를 당하고 있다고 생각하는 '피해망상' 등이 그 대표적인 예이다.

프로이트는 망상의 원인을 동기에서 찾기도 했다. 요컨대 현실에서 실현되지 못한 동기가 망상을 만들어낸다는 것이다. 이와 달리 망상에 심리적 원인이 있다는 것을 인정하지 않는 심리학자들도 있다.

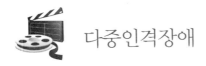

다중인격장애

"이 상황은 네가 감당해."

파이트 클럽(Fight Club, 1999)

:: 새로운 중독거리를 찾아서

현실이 사람들을 너무나도 힘겹게 하지만 그들에게 현실을 바꿀 수 있는 용기나 힘이 없다면 어떻게 될까? 아마 상당수의 사람들은 어쩔 수 없이 현실에서 도피하려 할 것이다. 영화 〈파이트 클럽〉의 주인공 코넬리우스(영화에서는 주인공의 본명이 무엇인지 정확히 나오지 않으므로 코넬리우스라는 이름을 사용하기로 한다.) 역시 그런 사람 중 하나이다. 자동차 리콜 심사관으로 일하는 평범한 샐러리맨인 그는 현실에서 도피하기 위해 다양한 중독에 빠져들게 된다.

'중독 Addiction' 이란 특정한 대상이나 행위 따위(약물, 알코올, 인터넷, 도박, 쇼핑 등)에 과도하게 집착하고 의존하게 되어 심신의 건강이 악화됨에도 불구하고 그것을 멈추지 못하는 것을 말한다.

사람이 중독에 빠져들게 되는 주요한 동기는 다음 두 가지가 있다. 하나는 현실에서 도피하려는 동기이고, 다른 하나는 쾌락을 추구하려는 동기이다. 게임 중독을 예로 들면 현실의 삶을 견디기 어려워하는 사람은 자기만의 세계로 도피하기 위해 게임에 몰두하게 되고, 그럼으로써 현실에서 더욱 멀어지게 된다. 또한 현실에서 좀처럼 기쁨과 행복을 찾을 수 없는 사람이 우연히 게임을 통해 예전에 경험할 수 없었던 쾌락을 맛보게 되면, 그는 그러한 쾌락을 계속해서 탐닉하기 위해 게임에 빠져들게 된다. 이처럼 중독은 자기만의 세계로 도피한 채 현실에서는 누릴 수 없는 쾌락이나 행복을 추구하는 일종의 현실도피 행위라 할 수 있다.

코넬리우스에게는 시간이 날 때마다 가구 카탈로그를 들여다보다가, 신제품이나 특이한 모양의 가구를 발견하면 반드시 구입해야 직성이 풀리는 일종의 '수집 중독' 증세가 있었다. 게다가 그는 극심한 불면증에 시달렸으며 몽유병 증세까지 보였다. 코넬리우스는 이를 치료하기 위해 간 병원에서 의사가 농담조로 던진 말을 듣고 고환암 환자들의 모임에 참여했다가, '모임 중독자'가 되기도 했다. 이후 그는 환자도 아니면서 알코올 중독자, 과식증 환자, 결핵환자 등의 집단치료 모임에 꼬박꼬박 참석했다. 어느덧 그곳의 사람들로부터 위로를 받고 한바탕 통곡을 하면서 심적 고통을 다독이지 않고서는 삶을 지탱하지 못하게 되었기 때문이다. 그런 모임에서 만나게 된 말라(그녀도 사이비 환자였다.)라는 여성이 왜 모임에 참여하느냐고 묻자 그는 이렇게 대답했다.

"죽음 앞에서는 다들 남의 말을 잘 들어주거든."

그랬다. 코넬리우스는 죽음을 앞둔 비참한 사람들, 타인의 말을 진지하게 경청해주는 사람들 속에서 일시적으로나마 현실의 고통을 잊을 수 있었고, 현실에서도 도피할 수 있었다. 그러나 그러한 일도 그가 사이비 환자임을 알고 있는 말라가 나타나면서 더 이상 지속할 수 없게 되었다. 현실에서 도피하기 위해 중독증을 이용하던 그의 시도가 벽에 부딪히게 된 것이다.

:: 두 개의 인격

현실도피의 수단을 잃어버린 만큼 코넬리우스는 이제 현실을 직시하고, 필요하다면 그것을 바꾸기 위해 노력했어야 했다. 하지만 그에게는 그럴 만한 용기와 힘이 없었다. 어떻게든 현실을 바꾸고 싶지만 그것이 도저히 가능하지 않으면 속된 말로 미쳐서 바꾸는 수밖에 없다. 코넬리우스가 정신병을 앓게 된 것도 그래서였을까?

코넬리우스는 어떤 정신병을 앓게 되었을까? 그의 정신병은 우선 해리성 장애Dissociative Disorder의 하나인 '다중인격장애'라고 할 수 있다. 최근의 정신의학계에서 '해리성 정체감 장애Dissociative Identity Disorder'라고 부르는 이 병은 한 사람 안에 둘 또는 그 이상의 인격이나 정체감이 존재하는 정신장애이다. 이 정신장애에서 각 인격 간 이

동은 때로는 매우 급작스럽게 이루어진다.

또한 다중인격장애 환자들은 일반적으로 다른 인격 상태에서 경험한 것들을 기억하지 못한다. 예를 들어 A라는 인격 상태에서 경험한 일을 B라는 인격 상태에서는 기억하지 못하는 것이다. 코넬리우스 역시 평소의 자기와는 전혀 다르며, 자기와는 정반대의 인물이라고 해도 무방한 '타일러'라는 인격을 가지고 있다. 그뿐 아니라 타일러가 되었을 때의 일들을 전혀 기억하지 못하는데, 이는 다중인격장애의 전형적인 증상이다.

그의 정신병은 또한 일종의 정신분열증이라고 할 수 있다. 정신분열증은 다음과 같은 특징을 갖는 중증 정신장애이다.

첫째, 정서적 와해와 분열이다. 초기 정신분열증 환자는 사소한 자극에도 격렬하게 화를 내는 등 정서적 과민성을 분명하게 드러낸다. 그러다가 중기 이후부터는 외부 자극에 대해 감정반응을 거의 하지 않는 '감정반응의 소거' 증세를 보인다.

둘째, 인식과 사고기능의 와해이다. 정신분열증 환자는 현실감을 상실해 현실을 왜곡되게 인식한다. 그리고 환각, 환청, 환시 등을 경험하며 망상도 심하다. 그들은 인식과 사고가 중구난방이어서 선택적 주의집중이나 논리적 사고를 하기가 힘들고, 논리적 연결이나 일관성 없이 이 얘기에서 저 얘기로 건너뛰는 식의 두서 없는 언어를 사용한다. 그 결과 정신분열증은 전반적인 사고능력을 저하시키며 기괴한 행동을 하게 만든다.

셋째, 부적절한 신체 행동이다. 정신분열증이 심해지면 걸음걸이가 이상해지는 등 정상적인 동작과 행동에서 혼란이 생긴다. 괴상한 신체운동을 하거나 똑같은 행동을 반복하기도 하고 장시간 동안 한 가지 자세만 취하기도 한다. 또한 예고 없이 날뛰고 의미가 없는 소리를 질러대고 난폭한 행동을 하기도 한다.

넷째, 사회생활을 거의, 혹은 전혀 하지 못한다. 정신분열증 환자들은 자기를 돌보지 않아서 외관이 피폐해지나 그를 전혀 개의치 않으며, 아무 데서나 대소변을 보는 등 사회의 기초적인 규범을 무시한다. 정신분열증이 심해지면 당연히 대인관계 능력을 상실하게 되고 그에 따라 대인접촉도 꺼리게 된다.

코넬리우스의 여러 증세들로 판단할 때, 그는 정신분열증 초기에 해당하는 것으로 보인다. 그는 점차 현실감을 상실해가는 대신 자기의 소망을 대변하는 타일러라는 가공의 인물을 창조해낸다. 그가 창조해낸 타일러는 영화의 마지막 부분에서 코넬리우스에게 이렇게 말한다.

"넌 변화를 원했지만 혼자서는 할 수가 없었어. 그래서 상상해낸 게 나야. 나는 너한테 없는 걸 다 갖췄어. 외모, 정력, 능력. 게다가 자유로움까지!"

타일러는 실제로는 존재하지 않은 인물이었지만, 코넬리우스는 그를 현실 속의 사람처럼 생생하게 느끼면서 그와 대화를 하기도 하고 다투기도 한다. 정신분열증의 가장 큰 문제는 현실감의 상실이라고 할 수 있는데, 상상 속의 인물인 타일러과 함께 살아가는 코넬리우스의 이런 모습은 이를 극명하게 보여주고 있다.

코넬리우스의 정신병은 두 개의 인격이 번갈아 나타나며 다른 인격이 한 일을 전혀 기억하지 못한다는 점에서 다중인격장애이고, 헛것에 불과한 것을 마치 생생한 현실처럼 인지하면서 그것에 반응한다는 점에서는 정신분열증이다. 그에게는 이렇게 다중인격장애와 정신분열증 증세가 혼합되어 나타나는데, 이런 정신병이 실제로 존재할 수 있는지에 대해서는 의문스럽기도 하다. 아마 존재한다면 그것은 매우 희귀한 사례일 것이다.

:: 좌절하는 사람들

타일러는 비록 상상 속의 인물이지만 정신병을 앓고 있는 코넬리우스에게는 그의 모든 행동과 말이 현실이었다. 그는 또 하나의 자기인 타일러가 이끄는 대로 따라가면서 그와 함께 '파이트 클럽'을 만들게 된다. 파이트 클럽이란 일종의 격투시합을 위한 남자들의 비밀스러운 모임이었다. 코넬리우스는 파이트 클럽에서 다른 남자들과 유혈이 낭자하게 치고받으면서 폭력의 매력에 점점 더 깊이 빠져든다. 온갖 중독을 섭렵하다가 마침내 '폭력 중독'에도 빠져든 셈이다.

얼마 지나지 않아 파이트 클럽은 그 회원 수가 급격히 늘어나고,

타일러는 그 모임을 창조한 지도자로서 회원들 사이에서 신격화되기에 이른다. 그런데 정신병을 앓고 있었던 코넬리우스는 그렇다 치고, 왜 그렇게도 많은 이들이 파이트 클럽에 열광했던 것일까?

그것은 파이트 클럽에서의 격투가 그들이 그저 기계나 인형이 아니라 살아 있는 생명체임을 느끼게 해주었기 때문이다. 이는 코넬리우스가 피와 신음을 언급하며 "거기에는 생명력이 넘친다"라고 말했던 것에서 단적으로 드러난다. 세상으로부터 소외되고 세상에 의해 끊임없이 좌절을 겪어야만 했던 사람들, 그래서 자신을 시체처럼 여겼던 불행한 사람들은 서로 미친듯이 싸우며 비로소 자기들의 힘을 느꼈고 살아있음을 느꼈다. 그것은 또한 그들로 하여금 예전처럼 타인의 눈을 의식하면서 움츠러들지 않고 점점 더 대담해질 수 있게 해주었다.

요컨대 타일러를 따르는 이들이 기하급수적으로 늘어난 것은 그들의 분노를 표출할 분출구가 필요했기 때문이다. 그는 바로 이런 현실, 즉 욕구좌절에 시달리고 있는 대중의 마음을 정확히 꿰뚫어보고 있었다. 실제로 현대 자본주의사회에 사는 사람들은 심각한 욕구좌절에 시달릴 수밖에 없는데, 그 한 가지 이유는 부익부 빈익빈 현상에서 찾아볼 수 있다. 타일러는 책상에 앉아 펜대를 굴리는 화이트칼라가 아니라 온종일 땀을 흘리며 일하는 블루칼라들 덕에 세상이 굴러간다고 믿었다. 이런 신념은 그가 파이트 클럽을 수사하던 경찰의 책임자를 납치해 그의 얼굴에 대고 이렇게 일갈한 데서 직접적으로 드러난다.

"우린 너희를 먹여살리고 있어. 요리 해주고 쓰레기 치워주고 운전도 해주고 잘 땐 경비도 서주고! 우릴 건들지 마."

온갖 잡일을 도맡아가며 화이트칼라를 위해 일하지만 블루칼라는 끊임없는 빈곤과 인격적 모욕에 시달릴 뿐이다. 게다가 그들에게는 희망도 없다. 과거 대부분의 블루칼라는 아메리칸 드림을 믿었지만 이제는 모두 그것이 허황한 거짓임을 알고 있다. 타일러는 이런 블루칼라의 심리를 대변해 이렇게 말하기도 한다.

"TV를 보면서 우리는 누구나 백만장자나 스타가 될 수 있다고 착각했다. 그러나 그게 환상임을 깨달았을 때 우린 분노할 수밖에 없다."

현대 자본주의사회를 사는 사람들이 욕구좌절에 시달리는 또 다른 이유는 욕구 충족이 불가능하기 때문이다. 현대 자본주의사회는 상품만이 아니라 욕망까지도 확대 재생산한다. 얼마나 풍족하게 소비를 할 수 있느냐에 따라, 즉 경제력에 따라 사람의 지위나 신분이 결정되는 것이다. 이러한 물질 중심의 사회 분위기는 사람들에게 소유욕을 끊임없이 부추긴다. 그리하여 사람들은 좋은 물건을 소유하지 못하면 남들한테 무시당할 것 같아서, 그 결과 불행해질 것 같아서 생활하는 데 굳이 필요하지 않은 물건들도 애써 소유하려 하게 된다.

하지만 수입이 적은 블루칼라는 그런 욕망을 도저히 충족시킬 수 없다. 그러니 욕망을 확대 재생산하는 소비문화가 지배하는 세상에서는 대부분의 사람들이 만성적인 욕구좌절을 피할 길이 없어진다. 타일러가 "우리는 소비문화의 부산물"이라고 냉소적으로 읊조리는 대목은 바로 이런 현실을 비판하고 있다.

코넬리우스는 비록 방향을 잘못 잡았지만 실은 아주 똑똑한 사람이다. 어쩌면 그래서 현실에 대해 남들보다 더 고통스러워했는지도 모른다. 마침내 그는 타일러의 입을 빌려 평소 마음속에 품고 있던 불만을 마음껏 표출하면서, 만성적인 욕구좌절로 고통받고 있는 사람들을 선동하기에 이른다.

"우린 그 누구보다 강하고 똑똑하지. 헌데 그 능력이 말살되고 있어. 기름이나 넣어주고 웨이터 생활이나 하면서 먹물들의 노예로 살고 있지. 우린 필요도 없는 고급 차나 비싼 옷을 사겠다고 개처럼 일하고 있어. 우린 목적을 상실한 역사의 고아야.”

:: 잘못된 세상을 향한 잘못된 분노

만일 코넬리우스가 단지 똑똑할 뿐만 아니라 현실을 바꿀 용기와 힘까지 가지고 있었더라면 그는 오바마 같은 정치가가 되려고 했거나, 2011년 미국을 떠들썩하게 했던 ‘월가 점령시위’ 같은 대중운동을 조직했을지도 모른다. 하지만 그는 현실을 두려워하여 현실로부터 도피하고 망상의 세계 속에서 살아가려 하는 심각한 다중인격장애 및 정신분열증 환자였다. 그런 그가 올바른 생각을 할 리 없고 올바른 방식으로 세상을 바꾸려 할 리 없다.

타일러는 잘못된 세상을 향해 잘못된 분노를 터트린다. 그는 파이트 클럽을 전국적으로 확대하고, 군대(사실상 테러조직이었다.)를 육성해 테러활동을 감행함으로써 세상을 바꾸겠다는 황당한 계획을 세운다. 급기야 타일러는 신용카드 회사가 있는 빌딩을 포함하여 10여 개의 빌딩에다 폭탄을 장치한다. 그가 신용카드 회사 건물을 폭파하려 했던 것은 가난한 이들의 채무기록을 없애 모든 걸 원점으로 돌림으로써 ‘대혼란’을 유발하기 위해서였다. 한마디로 과소비와 부적절한 욕망을 부추길 뿐인 ‘신용사회’를 붕괴시키겠다는 것이다.

사태가 이쯤되자 코넬리우스는 타일러를 제지하기 위해 그를 추적하기 시작한다. 이 과정에서 그는 타일러가 스스로 창조해낸 상상 속의 인물이라는 사실을 깨닫게 된다. 하지만 때는 너무 늦었다. 코넬리우스는 스스로에게 총을 쏘는 극단적인 방법을 통해 타일러를 겨우 제거하고 애인인 말라―모임에서 만난 사이비 환자―에게 "믿어줘. 이제 다 잘 될 거야"라고 말한다. 그 순간 거대한 빌딩들에서 연쇄적으로 폭발이 일어나고 그 빌딩들이 하나둘씩 허물어져 내린다.

이 마지막 장면이 내게는 매우 충격적이었다. 영화 〈파이트 클럽〉이 만들어진 뒤 발생한 2001년 9.11테러 때 세계무역센터wTC 빌딩이 무너져내리는 장면을 연상시켰기 때문이다. 그것은 또한 2008년 미국에서 시작되어 전 세계를 강타한 금융위기를 상징하는 것 같기도 하다. 어쩌면 이 영화는 마지막 장면을 통해 현대 자본주의가 이대로 흘러가면 안 된다는 강력한 경고 메시지를 보낸 것이 아닐까?

다중인격장애 또는 해리성 정체감 장애
(Dissociative Identity Disorder, DID)

다중인격장애는―정신의학에서는 다중인격장애보다는 해리성 정체감 장애라는 용어를 더 선호한다― 자아 혹은 정체감이 두 개나 그 이상의 인격으로 분열되는 것을 말한다. 이는 매우 희귀한 장애로 한 개인 안에 있는 여러 인격들은 기분과 태도만이 아니라 서로 다른 정체감이나 기술을 갖고 있기도 하다. 또한 한 개인 안의 여러 인격은 서로에 대해 알 수도 있고, 서로에 대한 기억을 상실하기도 하며, 때로는 서로에 대해 아는 정도가 뒤섞이기도 한다.

다중인격장애는 일반적으로 심한 스트레스 상황 때문에 생기는 것으로 알려져 있다. 푸트만 등 Putman Etc(1986)은 다중인격장애 사례의 대부분이 외상후 스트레스 장애를 유발하는 것과 비슷한 충격적인 사건을 겪은 뒤에 생긴다고 주장한 바 있다. 예를 들면 아동기에 처참한 신체적, 성적 학대라든가 반복적인 근친상간 등을 경험하는 것이 그렇다.

가나웨이 Ganaway(1989)에 의하면 마음의 힘이 약한 사람들이 다중인격장애에 취약하다고 한다. 이에 따르면 다중인격장애 환자들은 자기최면에 잘 빠져들고, 충격적인 사건으로부터 도피하기 위해 최면에 걸려 있는 동안 새로운 인격을 지어내곤 한다는 것이다.

결론적으로 다중인격장애는 맨 정신으로는 도저히 감당하거나 직면할 수 없는 고통스러운 어떤 것을 방어하기 위해 발병한다고 볼 수 있다. 즉 자신에게 닥친 끔찍한 재앙을 도저히 감당할 수가 없어서 자기 안에 또 다른 자아를 만들고, 그 자아에게 '이 상황은 네가 감당해'라고 고통을 떠넘기는 것이다.

프로이트는 다중인격장애를 극심한 고통으로 분열된 자아가 무의식에 억압되어 있다가 의식에 교대로 출현하는 것으로 설명하기도 했다.

 공황

재난 앞에 드러나는 속마음
해운대(2009)

:: 경고를 무시하는 심리

재난영화에는 재난이 닥쳐오고 있다는 경고를 무시하는 어리석은 사람들이 자주 등장한다. 그들은 대체로 대중의 안전을 지켜야 할 의무가 있으며, 재난에 대처하기 위해 공권력을 동원할 권한을 가지고 있는 지도자급이다.

영화 〈해운대〉에서도 마찬가지다. 대중의 안전을 지켜야 할 책임이 있는 재난방지청 청장은 메가쓰나미가 닥쳐올 위험이 있다는 김휘 박사의 거듭된 경고를 무시한다. 국제해양연구소의 지질학자 김휘 박사는 어느 날 대마도와 해운대 근방의 동해에서 벌어지고 있는 상황이 5년 전에 발생했던 인도네시아 쓰나미의 경우와 유사하다는 사실을 발견한다. 그는 현재의 추세대로라면 부산 해운대로 파도의 높이가 무려 50~100미터에 달하는 메가쓰나미가 밀려들 수 있다고 경고한다. 하지만 김휘 박사의 말을 귀담아듣는 이들은 아무도 없다.

왜 사람들은 그의 타당한 경고를 무시했던 것일까? 김휘 박사가 시민을 대피시켜야 한다고 거듭 경고하던 그 무렵, 해운대에는 100만에 달하는 피서인파가 몰려와 있었고 외국인들이 참가하는 '해운대 문화 엑스포'까지 열리고 있었다. 이런 상황에서 해운대로 거대한 쓰나미가 올 수 있다고 공개적으로 경고할 경우, 문화 엑스포가 무산되고 부산시는 막대한 경제적 손실을 입을 것이 뻔했기 때문일 것이다. 재난방지청장은 '혹시라도 쓰나미가 안 오면 어쩔 것인가? 행사를 취소시킨 그 뒷감당을 내가 어떻게 한단 말인가?'라고 생각했을 수도 있다.

해운대 문화 엑스포의 책임자였던 김휘 박사의 전 부인, 이유진이 남편의 말을 무시했던 것 역시 비슷한 이유에서였다. 과연 일본에 쓰나미 경보가 내려졌다는 소식이 회의장에 전해지자, 엑스포 행사에 참석했던 외국인들은 하나둘씩 급히 자리를 뜨기 시작한다. 그러자 이유진은 남편한테 달려가서 왜 엑스포를 방해하냐고 따지면서 심하게 화를 낸다. 그녀는 딸이라도 서울로 올려보내라고 부탁하는 남편의 말을 들은 체 만 체한다. 이렇게 이유진이 막무가내로 남편의 말을 부정했던 것은 그의 말이 거짓이어서가 아니라, 그의 말을 인정하면 해운대 문화 엑스포를 포기해야만 했기 때문일 것이다.

물론 재난방지청장과는 달리 그녀에게는 다른 원인도 있었다. 김휘 박사와 이혼한 이유진은 남편에 대해 그다지 감정이 좋지 않았다. 영화에서는 그 자세한 내막이 나오지 않지만, 아빠인 김휘 박사를 만나게 된 딸에게 그가 아빠임을 알려주지 않는 것만 보더라도 남편에 대한 그녀의 감정이 어떠했는지 능히 짐작할 수 있을 것이다. 이유진이 김휘 박사의 경고를 무시했던 데에는 이렇게 전 남편에 대한 불신을 비롯한 여러 악감정이 일정 정도 영향을 미친 것으로 보인다. 이렇게 재난영화에 꼭 등장하곤 하는 진실을 받아들이지 않는 사람들에게는 그런 행동을 하게 만드는 심리적 원인이 숨어 있기 마련이다.

:: 동기적 사고

사람들은 흔히 스스로 객관적으로 사고한다고 자부하곤 하지만, 사실 객관적 사고는 욕심이 없을 때에만 가능하다. 즉 재난방지청장의 경우에는 자리에 연연하는 욕심이나 상부로부터 꾸지람을 듣고 싶지 않다는 동기가 없어야만, 그리고 이유진의 경우에는 성공에 대한 욕심이나 남편에 대한 악감정이 없어야만 비로소 시민들의 목숨을 가장 중시할 수 있게 되고, 김휘 박사의 경고를 객관적으로 들을 수 있게 되는 것이다.

사람은 일반적으로 '동기'(소망)의 영향하에서 사고한다. 한 가지

예를 들자면 동기는 지각을 비롯한 인식과정에 영향을 미쳐 사람들이 '선택적 지각'을 하게 한다. 그 결과 배가 고픈 사람의 눈에는 식당 간판만 눈에 들어오게 된다.

일찍이 프로이트는 동기가 사고를 규정한다고 주장한 바 있다. 그가 차용했던 예를 다시 인용하자면, 사과를 먹기 싫은 아이는 사과맛을 보기도 전에 그 사과가 시다고 말한다. 일부 심리학자들은 이런 현상을 '소망적 사고Wishful Thinking'라는 개념으로 설명하기도 한다. 소망적 사고란 현실을 있는 그대로 보지 않고 자기의 소망에 따라 왜곡해서 보는 것을 말한다. 영화 〈해운대〉에서 재난방지청장과 이유진이 '쓰나미의 위험이 있다' 는 객관적 정보를 '쓰나미는 없어야 한다' 는 자기들의 소망에 따라 평가절하했던 것이 바로 여기에 해당된다.

잘못된 동기가 사고를 왜곡시키는 현상을 예방하려면 당연히 그 잘못된 동기부터 제거해야 한다. 나아가 객관적인 사고를 하는 데 도움이 되는 건강한 동기와 객관적인 사고를 하려는 동기를 가질 필요가 있다. 하지만 권력과 돈에 집착하는 탐욕스러운 사람들이나 출세와 성공에 목을 매고 있는 사람들이 스스로 자기들의 잘못된 동기를 없애버릴 수 있을까? 어쩌면 최선의 방법은 그런 사람들이 수많은 대중의 안전과 행복을 책임지는 자리에 오르지 못하게끔 사전에 예방하는 것밖에 없을지도 모른다.

:: 재난과 심리적 공황

재난이 갑자기 닥쳐오면 사람들은 어떻게 행동할까? 사회심리학의 '공황' 이론에 의하면, 이런 경우 군중은 더 큰 재앙을 초래하는 비이성적이고 부적응적인 행동을 하게 된다.

영화 〈해운대〉에 등장하는 사람들도 마찬가지였다. 해운대를 향해 거대한 파도가 밀려오기 시작하자 해변에 있던 피서객들은 일제히 도주하기 시작하는데, 이런 장면은 공황 이론이 묘사하고 있는 그대로다. 영화는 대부분의 피서객들이 다른 사람들은 염두에 두지 않은 채 쓰러진 사람을 짓밟고 넘어가면서 아비규환을 연출하는 장면을 가감 없이 보여준다.

그러나 영화 〈해운대〉에는 공황 상황과는 전혀 다른 방식으로 행동하는 사람들의 모습도 많이 등장한다. 예컨대 최만식은 물에 떠내려가는 와중에도 사랑하는 연인인 강연희의 목숨부터 구하려고 노력했으며, 급기야 자신이 물에 휩쓸려가게 되자 "연희야, 잘 살으래이"라고 외친다. 재난방지청 본부에 있던 김휘 박사는 물이 차오르는 호텔에 딸이 혼자 있다는 아내의 연락을 받고는 위험을 무릅쓰고 딸을 구하기 위해 달려간다. 또한 건물 옥상에 있던 사람들을 헬기로 구조하던 군인들은 노약자와 어린이부터 우선적으로 구조한다. 이러한 사람들은 자기의 생명만을 최우선으로 생각하는 이기적 군중, 즉 타인은 안중에 없고 자기 혼자만 살려고 하다가 더 큰 화를 자초하는 사람들과는 사뭇 다른 모습을 보여준다.

영화 〈해운대〉는 이렇게 다음과 같은 경우에는 공황이 발생하지 않는다는 것을 보여주고 있다. 첫째, 사람들 사이의 관계가 친밀하면 공황은 발생하지 않는다. 일반적으로 극장이나 공연장에 모여 있는 사람들은 서로에 대해 친밀감이나 유대감을 가지고 있지 않다. 따라서 그들은 화재가 나면 다른 사람들을 고려하지 않고 자기부터 살려고 할 것이다. 반면에 어떤 집단 내의 사람들이 서로 사랑하는 관계, 친밀한 관계에 있다면 자기 혼자만 살려고 하기보다는 집단 전체가 살려면 어떻게 해야 하는지부터 생각할 수 있고, 그것을 위해서 자기를 희생할 수도 있다.

둘째, 집단이 조직화되어 있을 경우에도 공황은 잘 발생하지 않는다. 가령 극장에서 불이 난 경우와 군대 막사에서 불이 난 경우에 사람들이 하는 행동은 크게 다르다. 전자는 대부분 공황이 발생하겠지만, 후자의 경우에는 군대의 지휘체계에 따라 군인들이 조직적으로 행동할 수 있으므로 최대한 많은 인명을 구해낼 수 있다. 이런 차이가 발생하는 것은 전자의 집단은 조직화되어 있지 않은 반면, 후자의 집단은 조직화되어 있기 때문이다. 이런 점에서 공황 이론은 사람들 사이에 친밀한 관계가 없으며, 조직화되어 있지 않은 군중에게 해당된다고 보는 게 맞을 것이다.

:: 죽음 앞에 선 사람들

영화에 등장하는 또 다른 인물들도 살펴보자. 해운대로 피서를 온 김혜미와 그녀의 친구들은 보트를 소유한 부자 청년 일행과 어울리게 된다. 그러나 '싸가지 없는' 부잣집 날라리에게 혐오감을 느낀 김혜미는 혼자 배의 갑판으로 나왔다가 그만 실수로 물에 빠지게 된다. 때마침 근처에 있던 소방대원 최형식은 그녀를 구출해주는데, 순진무구한 청년 최형식에게 호감을 느끼게 된 김혜미는 그에게 끈질기게 접근해 데이트를 하게 된다. 그러자 자존심이 상한 부잣집 날라리는 김혜미가 자기의 약혼녀라고 거짓말을 하면서, "네 주제에 감히 누구를 넘보느냐"라고 하며 최형식을 조롱하고 폭행한다.

그 일로 최형식은 김혜미를 멀리하게 되고, 부잣집 날라리는 잔꾀를 부려 그녀와 단둘이 배를 타고 바다 한가운데로 나가게 된다. 그런데 마침 그때 쓰나미가 몰려오고, 두 사람이 위험에 처하자 소방대원인 최형식은 헬기를 타고 그들을 구조하러 가게 된다.

바다에 빠진 그들을 발견한 최형식은 헬기에서 바다로 뛰어들어 1인용 구조대로 김혜미부터 구조한 다음, 부잣집 날라리를 데리고 밧줄에 매달린다. 그러나 그는 혼자만 살겠다고 마구 발버둥치다 바다로 다시 추락해버리고, 최형식은 또다시 바다로 뛰어들어 그를 구하고는 밧줄에 매달려 헬기로 오르기 시작한다. 그 순간 두 사람의 무게를 감당하지 못한 밧줄이 조금씩 끊어지기 시작한다. 둘 중 한 명은 밧줄을 놓아야 하는 어려운 선택의 상황이 닥쳐온 것이다.

최형식에게 폭행을 가하고 모욕을 주었던 전적이 있었던지라 부잣집 날라리는 최형식이 당연히 자기를 버릴 거라고 지레짐작하고 얼굴이 새파래진다. 아마도 자기라면 주저하지 않고 그렇게 할 테니 상대방도 그러리라 예상했을 것이다. 그러나 최형식은 그에게 김혜미에게 선물하려고 마음먹었던 시계를 전해달라고 부탁하고는 스스로 줄을 끊고 바다로 뛰어내린다.

최형식이 인간성도 좋지 않고 심지어 자신을 모욕하기까지 한 사람을 살리기 위해 스스로를 희생할 수 있었던 이유는 무엇이었을까? 우선은 그가 본성이 착한 청년이기도 하지만 자기 목숨을 바쳐서라도 타인을 구할 의무가 있는 소방대원이었기 때문일 것이다. 물론 누구나 소방대원의 제복을 입는다고 해서 최형식처럼 행동하지는 않겠지만, 소방대원이기 때문에 그와 같은 행동을 할 개연성이 높아지는 것 또한 분명한 사실이다. 인간의 이기심은 이렇게 그가 가지고 있는 선량한 마음, 건전한 정체성이나 가치관 등으로도 극복할 수가 있다.

사람의 진면모는 죽음 앞에서 극명하게 드러난다고들 한다. 이것은 불가항력적인 재난과 같은 최악의 위기상황에서 그동안 감춰왔던 속마음이 고스란히 드러나기 마련이라는 뜻이리라. 이런 맥락에서 보면 건강한 마음과 훌륭한 인격을 가지고 있는 사람은 재난 앞에서도 아름다운 행동을 하는 반면, 그렇지 못한 사람은 추한 행동을 할 것이라 짐작할 수 있다.

첫 번째 파도가 해운대를 강타한 다음, 호텔 옥상에서 구조를 기다리던 김휘 박사 부부는 먼저 것보다 훨씬 더 큰 거대한 파도가 몰려오는 것을 보게 된다. 구조헬기에 간신히 딸을 태운 두 사람은 그 거대한 파도를 쳐다보고 나서 상대방에게 "미안해"라고 말하면서 서로 힘껏 부둥켜안는다. 사람은 누구나 죽음을 앞에 두면 '더 잘 살았더라면……', '더 잘해줬더라면……' 하고 후회를 하기 마련이다. 그리고 후회가 깊을수록 죽음은 더 애달프고 두려워진다.

어쩌면 거대한 재난이나 언젠가 맞이하게 될 죽음은 우리에게 하나밖에 없는 삶을 더 소중하게 여기고, 더 가치 있게 살라고 충고해주는 소중한 친구인지도 모르겠다.

공황(恐慌, Panic)

사회심리학적 개념인 '공황'이란 재난 같은 위기상황에서 더 큰 재난을 초래하게 만드는 것, 그러니까 군중들의 비이성적이고 부적응적인 심리와 행동을 의미한다. 가령 극장이나 공연장 등에서 화재가 나면 겁에 질린 군중이 한꺼번에 출구로 몰려들어 불에 타 죽는 사람보다 오히려 깔리거나 밟혀 죽는 사람이 더 많이 발생하는 경우를 예로 들 수 있다.

상당수의 심리학자들은 군중 속의 개인은 결코 어리석거나 비이성적이지 않다고 강조한다. 그들에 의하면 오히려 개인은 이기주의에 기초해 최상의 합리적인 판단을 내리지만, 결과적으로는 모든 개인이 똑같이 이기적으로 판단하고 행동하기 때문에 공황이 발생한다고 한다. 공황에 대한 이러한 인지심리학적 해석은 군중 속의 개인이 결코 어리석거나 비이성적이지는 않지만, 모든 사람이 개인적인 이익의 견지에서만 판단을 내리기 때문에 전체 집단에게 더 큰 피해를 초래할 수 있다는 사실을 보여준다.

공황 이론은 사람들의 관계가 친밀하지 않으며, 집단이 조직화되지 않은 경우에 한해 적용하는 것이 타당해 보인다. 사회 구성원들이 이기주의보다는 집단주의적 경향을 가지고 있으며 타인과 사회를 신뢰하는 건강한 사회에서는 공황이 잘 발생하지 않는다. 따라서 재난에 대처하는 사람들의 행동은 그 사회가 얼마나 건강한지 가감 없이 보여준다고 할 수 있다.

Part 4

감정의
치유

감정은 삶에 의미를 준다. 우리가 옳은 행동을 하면 마음은 아름다운 감정으로 화답하지만 잘못된 행동을 하면 험악한 감정으로 우리를 응징한다. 결국 감정이 없는 삶이란 어떠한 즐거움이나 행복, 괴로움이나 슬픔도 존재하지 않는 황량한 삶이다. 바꿔 말하면 사람이 살아가는 이유 혹은 삶의 의미는 감정에 있다고 할 수 있다.

 소통

"어디서부터 잘못된 거지?"
파수꾼(2010)

:: 멀어져가는 세 친구

한 소년이 자살한다. 평소 아들에게 무심했던 소년의 아버지는 자기
아들이 갑자기 자살하자 그 죽음의 이유를 쫓기 시작한다.

죽은 소년 기태에게는 희준과 동윤이라는 친구가 있었다. 그러나
희준은 기태가 죽기 얼마 전에 다른 학교로 전학을 가버렸고, 동윤
은 기태의 장례식에 오지 않았을 뿐만 아니라 친구들과 연락을 두절
한 채 지내고 있었다. 이를 이상하게 여긴 기태의 아버지는 아들의
친구들을 만나 그토록 친했던 세 친구 사이에 무슨 일이 있었는지를
묻는다. 기태, 희준, 동윤에게 도대체 무슨 일이 일어났던 것일까?

고등학교 2학년생인 기태는 요즘 말로 하면 학교의 '짱'이었다.
그는 목에다 잔뜩 힘을 주고 희준을 비롯한 친구들을 부하처럼 거느

리며 돌아다녔다. 하지만 기태가 정말로 소중하게 생각했던 친구는 고등학교에 들어와서 사귀게 된 희준이와 중학교 때부터 단짝처럼 붙어다녔던 동윤이었다. 이 세 친구는 방과 후에 함께 야구를 즐기고 여학생들과 함께 놀기도 하면서 시간을 보내곤 했다. 그랬던 그들의 사이가 급격히 멀어져 종국에는 파국으로 치닫게 되는데, 그 발단이 된 것은 보경이라는 여학생이었다.

희준은 보경이를 좋아했으나 보경이는 기태에게 관심이 있었다. 보경이는 세 친구와 월미도에 놀러가 중국집에서 식사를 할 때, 식탁 위의 음식들을 기태 앞쪽에 놔주면서 마음을 표현하기도 했다. 그러자 당황한 기태는 멋쩍게 웃으면서 "너, 희준이한테 질투심 유발하려고 그러지?"라고 말하며 얼버무리려 했다. 기태가 이렇게 자기의 마음을 받아주지 않자 보경이는 기태에게 정식으로 고백했고, 희준이는 그 장면을 우연히 목격하게 되었다. 그때부터 기태에 대한 희준이의 악감정이 폭발하기 시작했다.

:: 무시당하는 것에 민감한 아이

기태는 '짱' 답게 말보다는 주먹부터 앞서는 거친 청소년이었다. 그는 친구들을 대할 때에도 화가 나면 험악한 표정을 지으면서 거친 말을 내뱉기 일쑤였고, 가끔은 때릴 듯한 공포 분위기를 연출하기도 했다. 그럼에도 희준이는 기태와 그런대로 잘 지내왔고 기태 역시 희준이와 동윤이에게는 폭력을 행사한 적이 없었다. 그러나 희준이가 보경이로 인해 질투심을 갖게 되자 평소에 갖고 있던 기태에 대한 불만들이 급속도로 증폭되고 전면화되기 시작한다.

그러던 어느 날 세 친구가 여학생들과 함께 동윤이네 집에 모여서 놀게 되었다. 거실을 지나가던 희준이는 방 안에서 기태와 보경이가 서로 마주보고 앉아서 뭔가 은밀한 이야기를 나누고 있는 장면을 목격한다. 잠시 후 방에서 나온 기태가 희준이를 보고는 말을 붙이면서 평소처럼 그의 머리를 만지자 갑자기 희준이는 이렇게 쏘아붙인다.

"내가 니 꼬봉이냐?"

기태에 대해 불편한 마음을 가지게 된 희준은 그를 차갑게 대할 뿐만 아니라 그의 아킬레스건까지 건드리기 시작한다. 그때 기태에게는 어머니가 없었고 아버지는 일하느라 바빠 얼굴조차 보기가 힘들었다. 그래서인지 기태는 부모와 관련된 얘기를 일절 하지 않았고, 그런 얘기가 나올라치면 화제를 다른 곳으로 돌리곤 했다. 그런데 그런 사정을 누구보다 잘 아는 희준이가 기태 몰래 아이들과 그의 신상에 관련된 얘기를 떠벌린 것이다. 이를 알게 된 기태는 어느 날 화난 표정으로 희준에게 "넌 집에 가면 엄마가 밥도 해주고 공부하라고 얘기해주지?"라고 묻고는 이렇게 말한다.

"난 집에 가면 내가 밥 해먹어. …… 안 계시잖아, 엄마가. 아무도 없어. 그 정도야. 그 정도가 내가 할 수 있는 우리 집 얘기야. 됐지. 됐냐고?"

이후부터 희준은 기태를 철저하게 외면한다. 기태가 반갑게 인사를 건네거나 말을 걸어와도 아는 체도 하지 않으며, 도대체 왜 그러냐고 물어보아도 설명을 해주지 않는다. 기태는 자기를 마치 산송장처럼 대하는 희준에게 이렇게 투덜대기도 한다.

"사람이 물어봤으면 대답을 좀 해라."

사실 이유를 불문하고 희준이가 보였던 태도는 기태의 말처럼 그를 사람으로 취급하지 않는 태도였다. 그것은 타인에게 무시당하는 것을 몹시 두려워했던 기태를 극도로 분노하게 하는 일이었다. 갑자기 자기를 차갑게 대하는 희준이의 속마음을 알 수가 없어 답답해 미칠 것 같았던 기태는 급기야 무엇을 사과해야 하는지도 모르는 채 희준에게 밑도 끝도 없이 사과를 한다. 그러나 그는 "알았어"라고 짧게 답할 뿐 계속해서 기태를 상대해주지 않는다. 그러자 기태는 마침내 폭발하고 만다.

부모한테서 변변한 사랑과 관심을 받지 못하고 자란 사람은 그런 결핍을 채우고 싶어 하기 마련이므로, 세상 사람들에게 인정받고 주목받으려는 욕구가 매우 강하다. 그리고 그런 사람일수록 당연히 타인에게 무시당하는 것에 극도로 민감하게 반응하기 마련이다. 무시당한다는 것은 곧 인정과 주목을 받고자 하는 욕구가 좌절되는 것이며, 어린 시절에 자기를 쳐다봐주지 않던 부모에게서 받은 원초적 고통을 되새기게 하기 때문이다. 희준이가 자기를 계속 본체만체 하자 그가 자기를 무시한다고 생각할 수밖에 없었던 기태로서는 흥분하지 않을 수 없었을 것이다.

질투심과 시기심에 휩싸인 희준이 기태를 수동적으로 공격하자, 무시당하는 것을 죽기보다 싫어했던 기태도 역시 희준을 공격하게 된다. 기태는 결국 분을 참지 못해 희준이를 심하게 폭행하게 되고, 그 사실을 알게 된 동윤이는 기태에게 강하게 항의하며 화를 낸다.

:: 어디서부터 잘못되었나

희준이는 자기가 왜 기태를 갑자기 쌀쌀맞게 대하면서 무시했는지를 기태나 동윤이에게 설명해주지 않았고, 기태 역시 자기가 왜 희준이를 폭행했는지를 희준이나 동윤이에게 설명해주지 않았다. 정확하게 말하자면 설명을 안 해준 게 아니라 못 해준 거라고 해야 할 것이다. 자기의 마음을 정확하게 알지 못했던 기태와 희준이는 왜 그렇게도 서로에게 화가 나는지를 이해할 수가 없었고, 당연히 그것을 상대방에게 설명하지도 못했다. 희준이를 왜 때렸느냐고 연거푸 따져 묻는 동윤이에게 기태가 답답해하면서 이렇게 말했던 것은 이 같은 이유에서였다.

"넘어가. 설명 못 하는 것도 있잖아."

기태와 희준은 이제 상대방에게 자기의 마음을 제대로 설명하지 않는 데서 그치지 않고 서로에게 큰 상처를 주는 말과 행동을 남발하게 된다. 기태가 희준에게 폭력적인 행동으로 상처를 주었다면 희준은 기태에게 쓰라린 말로 상처를 주는 식이었다. 희준이는 폭행사건 이후 기태가 다시 사과를 하자, "네 사과는 받고 싶지 않다"라고 냉정하게 거부한다. 그리고 기태의 부하들을 가리키면서 이렇게 말한다.

"저 새끼들 다 마찬가지야. 너를 친구라고 생각해서 네 옆에 있는 거 아냐. 착각하지 마. 너랑 학교 다니면 편하니까. 뭐나 좀 되는 거 같으니까. 그러니까 너랑 붙어 있는 거지, 니 친구 아무도 없어. 나도 너 친구로 생각해본 적 한 번도 없고. 알아?"

이 말을 남기고 희준은 다른 학교로 전학을 가버린다. 그리고 그 일을 계기로 사람과 관계 맺는 것에 미숙했던 기태는 동윤이와도 갈라서게 된다. 희준이 일로 동윤이가 자신을 강하게 비난하자 홧김에 동윤의 여자친구인 세영이의 과거를 폭로해버린 것이다. 충격을 받은 동윤이는 세영이를 껄끄럽게 대하게 되고, 이유가 분명하지는 않으나 ―앞뒤 정황상 세영이가 자살을 기도했던 것 같다― 세영이는 결국 병원에 실려가게 된다.

흥분한 동윤이는 기태를 찾아가서 "네가 세영이에게 말했냐?"라고 따지고, 소통능력이 취약한 기태는 "만일 그랬다면 어쩔 거냐"라고 응수해버리고 만다. 이에 폭발한 동윤이 기태를 공격하기 시작하지만 그는 반격하지도 않고, 오히려 동윤을 집단적으로 폭행하던 부하들을 제지한다. 기태는 뒤늦게 눈물을 흘리면서 동윤이에게 "그건 오해야!"라고 외쳐보지만 상황은 이미 걷잡을 수 없이 악화된 후였다.

희준이와 여자친구의 일로 극도로 화가 나있던 동윤이는 결국 집에 찾아와 사과하는 기태를 냉정한 태도로 내치면서 이렇게 말한다.

> "단 한 번이라도 내가 니 진정한 친구였다는 생각 마라. 생각만으로도 역겨우니까."

동윤이의 말에 커다란 충격을 받은 기태가 "진심이냐?"라고 묻지만, 그는 "니가 역겨우니까 니 주변 애들 다 너를 떠나는 거야. 니가 옆에 있으면 토할 거 같거든. 알아?"라고 냉정하게 쏘아붙인다. 중학교 때부터 단짝이었던 동윤이의 입에서 너무나도 무서운 말들이 거침없이 쏟아져 나오자 절망한 기태는 울면서 "그거야? 그게 내 모습이야?"라고 읊조린다. 그리고 마치 애원이라도 하듯이 동윤에게 "어디서부터 잘못된 거지? 뭐가, 어디서부터 잘못된 걸까?

응?" 하고 묻는다. 그런 기태에게 동윤은 다시 한 번 무서운 말을 해버린다.

"아니, 처음부터 잘못된 건 없어. 처음부터 너만 없었으면 돼."

:: 건강하게 소통하는 법

기태는 비록 육체적으로는 강했을지 몰라도 마음의 힘은 너무나도 약했던 청소년이었다. 그는 타인의 사랑과 관심을 간절히 원했고, 그것을 채워줄 수 있는 유일한 친구들이었던 희준과 동윤이를 절실히 필요로 했다. 그렇기 때문에 기태는 겉으로는 희준이와 동윤이를 때릴 것처럼 으박질렀을지 몰라도, 심리적으로는 두 친구에게 절대적으로 의존하면서 그들의 비위를 맞춰주면서 살고 있었다. 이는 보경이가 기태에게 사랑을 고백했음에도, 희준이가 그녀를 좋아한다는 이유만으로 그녀의 마음을 받아주지 않았던 것만 보더라도 잘 알 수 있다. 기태는 보경이가 자기한테 사랑을 고백했다는 사실까지 숨기려 했다. 보경이로 인해 희준이가 자기를 멀리하거나 싫어하게 될까 봐 두려웠기 때문이다.

기태는 또한 강한 척하는 유약한 소년일 뿐이었다. 그는 어느 날 밤 동윤이와 둘이서만 대화를 하게 되었을 때 자기의 속마음을 솔직하게 털어놓기도 했다.

"야, 내가 뭐 애들 앞에서 허세 부리고 그런 게 좋은 줄 아냐? 그냥, 이렇게 주목받은 적이 없으니까……."

기태가 힘을 과시하기를 즐겼던 것은 그것을 통해 세상의 주목, 다시 말해 세상 사람들의 사랑과 관심을 받을 수 있게 되기를 희망했기 때문이다. 비록 그런 욕망과 희망을 자제하거나 포기할 수는 없었으나, 그런 짓이 얼마나 덧없는지는 알고 있었던 것 같다. 그는 동윤이에게 이렇게 말하기도 했다.

"그래도 다 없어진다고 해도 나한텐 네가 있지 않냐? 내가 다시 사람들 사이에서 비참해지더라도 너만 알아주면 돼. 그럼 됐어, 된 거야."

만약 동윤이가 기태가 했던 이 말을 잊지 않고 기억하고 있었더라면, 자기 감정뿐만 아니라 상대방의 마음도 헤아릴 줄 아는 성숙한 친구였더라면 어땠을까? 만약 그랬다면 "동윤아, 미안해. 부탁이니까 이러지 마라. 너까지 나한테 이러지 마"라고 말하면서 울부짖는 기태의 손을 그리도 냉정하게 뿌리치지는 않았을 것이다.

기태는 다음과 같은 말을 하고 나서는 목이 메어 더 이상 말을 잇지 못했다.

"너만큼은 나한테 있어서 진짜……."

　기태는 지금껏 그래왔듯이 온 세상 사람들이 다 자기한테 등을 돌리고 뒤에서 손가락질을 하더라도 희준과 동윤이만 있으면 된다고 생각했다. 그는 그렇게 두 친구를 절실히 원했고 자기 방식대로 사랑했다.

　기태는 전학을 가버린 희준이를 마지막으로 만나기 위해 학교가 파할 무렵부터 그의 집 앞에 서서 기다린다. 희준이가 나타나자 기태는 "이젠 못 보겠네. 전학 간 학교에서는 잘 지내라. 잘 지내!"라고 말하고는 야구공을 선물한다. 기태가 희준에게 준 그 야구공은 어릴 때부터 애지중지하며 간직해왔던, 너무나도 소중해서 그 누구에게도 주려고 하지 않았던 바로 그 야구공이었다. 그렇게도 애지중지하던 야구공을 선물한 것은 희준이가 자기에게는 그 무엇과도 바꿀 수 없는 소중한 친구라는 의미였을 것이다.

기태가 자살한 뒤, 희준이로부터 그 야구공을 전달받은 동윤이는 회한에 잠긴 채 그토록 친했던 세 친구들이 방과 후 함께 야구를 하면서 놀던 곳에 혼자 쓸쓸히 앉아 있다. 그는 "세상 사람들의 주목을 받고 싶다"면서 "누가 최고냐?"라고 반복적으로 묻는 기태의 옛 모습을 떠올리며 이렇게 중얼거린다.

"그래, 네가 최고다. 친구야."

청소년기는 친구관계가 매우 중요한 시기이다. 최소한 그때만큼은 그것이 인생의 전부라고 해도 과언이 아닐 정도다. 몸과 정신의 발달이 어른의 수준에 도달하는 청소년기에 들어서면 아이들은 부모로부터 심리적으로 독립하려는 경향을 갖게 되고, 그에 비례해 친구의 존재가 더욱 중요해지기 때문이다.

이 때문에 원만한 친구관계를 맺지 못하고 친구관계에서 행복을 찾지 못하는 청소년들은 자칫 대인관계에 대한 자신감을 잃을 수 있다. 심지어 세상을 두려워하게 되어 스스로 외톨이를 자초하기도 하고, 심한 경우에는 자살하기도 한다. 그렇기 때문에 부모와 사회는 청소년기 자녀들의 친구관계에 깊은 관심을 기울이면서 그들이 건강한 대인관계를 맺을 수 있도록 세심하게 신경써줄 필요가 있다.

안타깝게도 이 영화 속의 청소년들은 자기의 마음을 정확히 들여다보지 못했고, 자기의 마음을 친구들에게 솔직하게 전달하지도 못했다. 그들은 친구들과 건강하게 소통하지 못했을 뿐만 아니라 자기의 마음, 말, 행동을 성숙하게 통제하거나 절제하지도 못했다. 그 결과 어리석게도 그들은 소중한 친구를 불필요하게 괴롭히고 화나게 했으며, 너무나 큰 상처를 안겨주었다. 건강한 방식으로 사랑할 줄 몰라 서로의 가슴에 비수를 꽂고 만 것이다.

소통(疏通, Communication)

소통의 사전적 정의는 '뜻이 서로 통하여 오해가 없다'이다. 그러나 일반적으로 심리학에서는 '뜻'이나 '언어'적 소통보다는 '동기나 감정'의 소통이 더 중요하다고 본다.

건강한 소통을 하려면 무엇보다 자기의 마음, 특히 동기와 감정부터 정확히 알아야 한다. 그리고 그것을 적극적이고 정확하게 표현함으로써 자기의 마음을 상대방에게 잘 전달해야 한다. 건강한 소통을 하려면 상대방의 말을 주의 깊게 경청해야 하고 상대방의 심리상태를 올바르게 헤아려야 하며, 그것을 고려하여 자기의 말과 행동을 적절히 조절해야 한다. 또한 상대방을 공격하거나 자극하지 않도록 주의하면서 서로 간에 합일점부터 찾아내야 하고, 차이점은 존중해줄 필요도 있다.

사람과의 관계에서 소통이 원활하지 않으면 상대방의 본심을 오해할 위험이 커지게 되어 있다. 이는 결국 마음속에 담아둔 감정을 한꺼번에, 그리고 부적절하게 표출하게 함으로써 관계를 불필요하게 악화시키기도 한다.

거절 공포

"나는 너를 버리지 않아."

굿 윌 헌팅(Good Will Hunting, 1997)

:: 불우한 천재

보스턴의 빈민가 출신 윌 헌팅은 명문 MIT 대학의 청소부이다. 그는 정규교육을 받지 못한 청소부에 불과하지만 타고난 천재성과 독학의 힘으로 다방면의 지식을 전문적이면서도 폭넓게 소유하고 있다.

어느 날 MIT 대학 수학과의 램보 교수는 복도의 칠판에다 극소수의 천재들만이 풀 수 있는 '푸리에 이론'을 적어놓고는 학생들에게 그것을 풀어보라는 과제를 내준다. 며칠 후 누군가가 그 문제를 완벽하게 풀어놓은 것을 발견한 그는 누가 그 문제를 풀었는지 학생들에게 물어보지만 아무도 나서지 않는다. 그러자 궁금증이 동한 램보 교수는 또 다른 어려운 문제를 칠판에 적어놓는다. 어느 날 그는 퇴근 길에 칠판에다 무엇인가를 쓰고 있는 한 청소부의 모습을 보고는 무슨 짓을 하는 거냐고 소리친다. 그 청소부는 램보 교수에게 욕을 하면서 도망치는데, 칠판을 들여다본 그는 잠시 후 흥분하며 이렇게 외친다. "세상에, 이럴 수가! Oh my god!"

램보 교수는 청소부의 이름이 윌 헌팅이라는 것을 알아내고는 그를 찾아나섰지만, 그 무렵 윌은 경관 폭행죄로 감옥에 갇혀 있었다. 윌은 몇 년 전부터 폭행죄, 차량 절도죄, 경관 사칭죄, 상해죄, 절도죄, 체포 불응죄 등으로 여러 번 기소되거나 투옥되곤 했던 거친 청년이었다. 하지만 그의 천재성을 아깝게 여긴 램보 교수는 재판장을 설득해 두 가지 조건을 걸고 윌을 석방시킨다. 그 두 가지 조건 중 하나는 윌이 매주 램보 교수를 만나 수학과 관련된 토론을 하는 것이고, 다른 하나는 윌이 심리치료를 받게 하고 그에 대한 보고서를 제출한다는 것이었다.

윌은 "수학은 좋지만 심리치료는 필요 없어요"라고 말하며 심리치료에 대해 거부감을 표시하지만, "그래도 감옥보다는 훨씬 낫잖아"라는 교수의 말에 그의 제안을 받아들인다. 이렇게 해서 윌은 자기를 치유하기 위한 험난한 길에 첫발을 내딛게 된다.

:: 마음의 문을 열다

램보 교수는 유명한 심리치료사들을 동원해 윌을 치료해보려 하지만 번번이 실패한다. 천재적인 두뇌의 소유자였던 윌은 자기를 치료하게 될 심리치료사의 책을 미리 읽고 와서는 그들의 속마음을 읽어가면서 그들을 조롱하고 공격했던 것이다. 그래서 TV에 나올 정도로 유명했던 한 심리치료사는 윌을 면담한 후 이렇게 말하면서 치료를 거부하기도 한다.

"저런 미치광이한테 내줄 시간은 없네. 완전히 돌았어."

연속적으로 다섯 명의 심리치료사가 모두 두 손 들어버리자, 램보 교수는 대학 동창이었던 숀 맥과이어를 찾아가서 윌을 치료해달라고 부탁한다. 그리하여 숀과 윌은 마침내 첫 만남을 갖게 된다.

사실 전통적인 심리상담 과정에 비추어보면 숀과 윌의 첫 면담은 정도를 크게 벗어난 대실패라고 할 수 있다. 윌은 독서를 통해 얻은 풍부한 심리학 지식을 이용해 숀이 그린 그림을 분석하면서, "힘든 현실을 피하려고 심리치료사가 됐는지도 모른다"라는 말로 그를 자극한다. 급기야 그가 "결혼을 잘못했군요"라고 말하자 사랑하는 아내를 병으로 잃은 아픔을 지닌 숀은 평정심을 잃고 흥분하기 시작한다. 그는 화난 목소리로 "입 조심해"라고 반복적으로 말한다. 이에 드디어 걸려들었다 싶었는지 윌은 그를 더욱 자극하기 위해 다음과 같이 떠들어댄다.

"내가 맞춘 거죠? 부인을 잘못 얻은 거죠? 왜요? 당신을 배신하고 도망갔어요? 딴 남자랑 눈이 맞아서?"

극도로 흥분한 숀은 안경을 벗고는 윌에게 다가가 왼손으로 그의 목을 붙잡고 조르면서 "다시 내 아내를 모욕했다간 널 가만두지 않겠어. 가만두지 않겠다고! 알아들었어?" 하고 고함을 친다. 그러자 윌은 담담한 목소리로 "시간 다 됐어요"라고 말한다.

그 원인이나 경과가 어떻든 간에 심리치료자가 내담자의 목을 조르는 상황은 원칙적으로 있어서는 안 되는 일이다. 이렇게 본다면 숀과 윌의 경우 첫 단추부터 잘못 채워져 성공의 가능성이 희박했다고 할 수 있다. 그런데 어떻게 해서 윌은 숀에게 마음의 문을 열기 시작한 것일까?

그 첫 번째 이유는 윌이 숀을 무자비하게 공격했음에도 숀이 그를 포기하지 않으려 했기 때문이다. 윌은 자기의 목까지 조를 정도로 숀을 화나게 했으니 그가 당연히 자기에 대한 치료를 거부하리라 예상했을 것이다. 그래서 그는 다음 면담을 위해 치료실로 들어갔을 때 숀이 기다리고 있자, "또 선생이쇼?" 하고 말한다. 비록 말은 그렇게 했지만 윌은 숀이 자기를 쉽게 포기하지 않은 것에 상당히 놀라고 마음이 끌리지 않았을까? 그전의 유명한 심리치료사들은 모두 자신을 한 번 면담하고는 포기해버렸는데 말이다.

두 번째 이유는 윌이 숀에게서 어줍지 않은 심리학 이론이나 치료법을 앞세우는 사람이 아닌 인간미가 있는 진실한 사람이라는 느낌을 받기 때문이다. 숀은 윌을 치료실이 아닌 공원의 호숫가 벤치로 데리고 간다. 숀이 이렇게 치료실을 벗어난 것은 심리치료사로서가 아니라 한 인간으로서 윌에게 무엇인가 얘기를 해주고 싶어서였

을 것이다. 숀은 일단 책에서 읽은 지식으로 함부로 남의 인생을 평가하고 난도질했던 윌에게 "넌 네가 뭘 지껄이고 있는지도 모르고 있어"라고 신랄하게 비판한다. 그리고 윌이 천재이기는 하지만 "오만에 가득 찬 겁쟁이에 불과하다"라고 단언하며 이렇게 제안한다.

"책 따위에서 뭐라고 하건 다 필요 없어. 우선 너 스스로에 대해 말해야 해. 자기가 누구인지 말이야. 그렇다면 나도 관심을 갖고 대해주마. 하지만 그렇게 하고 싶지 않지? 자기가 어떤 말을 할지 겁내고 있으니까. 네가 선택해, 윌."

원래 심리치료자는 상담 초반부에는 내담자에게 이처럼 강도 높은 비판을 거의 하지 않으며 그래서도 안 된다. 하지만 숀은 심리치료 자체를 거부하고 두려워하는 이 까다로운 인간을 치유의 길에 들어서게 하려면, 극약처방이 필요하다고 판단했던 것 같다.

매섭기는 하지만 진심 어린 숀의 말을 다 듣고 난 월은 왠지 슬픈 표정이 되어 묵묵히 앉아 있었다. 숀의 소탈한 성품과 진실한 태도가 마침내 월의 마음에 굳게 채워져 있던 빗장을 조금씩 걷어내기 시작한 것이다.

:: 거절에 대한 공포

월이 가지고 있었던 가장 큰 마음의 병은 무엇이었을까? 결론부터 말하자면 그것은 '거절에 대한 공포'라고 할 수 있다. 고아 출신인 그는 다섯 번이나 입양되었다가 양부모들한테 버림을 받곤 한 쓰라린 경험이 있었다. 게다가 그는 폭행을 일삼는 극악무도한 양부모를 세 번씩이나 경험하기도 했다. 그들은 어린 월의 몸을 담뱃불로 지지고 칼로 상처를 내기도 했으며, 월 앞에 가죽 허리띠와 렌치 등을 늘어놓고는 무엇으로 맞을 것인지 고르라고 강요하기도 했다.

월은 새로운 양부모에게 입양될 때마다 그들의 사랑을 얼마간은 기대했을 것이다. 하지만 그들은 월을 사랑해주기는커녕 학대하기 일쑤였고 결국에는 포기해버렸다. 이렇게 반복적으로 버림을 받은 쓰라린 경험으로 인해 월은 두 번 다시는 그런 처절한 고통, 즉 '버림받는 고통' 혹은 '거절당하는 고통'을 경험하지 않기를 간절히 원하게 되었다. 한마디로 거절에 대한 공포를 느끼게 된 것이다. 나아가 그는 사람과 세상을 불신하게 되었고, 사람과 세상에 대해 적개심과 증오심까지 품게 되었다. 월이 거친 말과 행동으로 사회적 권위에 도전하고 사람들을 조롱하고 공격했던 것도 이 같은 이유에서였다.

거절에 대한 공포는 월의 대인관계 패턴에도 악영향을 미쳤는데, 말하자면 그는 상대방한테 거절을 당하거나 버림을 받기 전에 자기가 먼저 상대방을 공격하며 관계를 끊어버리는 패턴을 반복하고 있었다. 이러한 패턴은 스카일라와의 연애 과정에서도 선명하게 드러나고 있다.

명문 하버드대 학생이었던 스카일라는 대학가 술집에서 우연히 월의 천재성을 목격하고는 그에게 호감을 갖게 된다. 그녀는 바에 앉아 술을 마시면서 월에게 이런저런 신호를 보냈으나, 여성에 대한 자신감이 있을 턱이 없는 월은 그녀에게 말을 붙이지 못한다. 그러자 스카일라는 술집을 나서면서 "당신이 먼저 접근해 말을 걸어주기를 기다렸다"면서 월에게 자기의 전화번호를 건네준다. 월은 스카일라가 마음에 들었고 잠깐 즐거운 데이트를 하기도 했지만 그녀에게 더는 연락하지 않는다. 언젠가는 그녀한테 버림을 받을지도 모른다는 두려움이 그의 발목을 잡았기 때문이다.

어느 날, 월은 숀과 면담을 하던 중 불쑥 그녀에 대한 이야기를 꺼낸다. "그 여자애는 정말 예쁘고 똑똑하고 재밌어요. 그동안 사귄 여자들과는 달라요." 하지만 숀이 그녀에게 전화하라고 권유하자 월은 이렇게 대답한다.

"왜요? 그러다가 똑똑하지도 않고 재미없는 여자란 것만 알게? 지금 그대로가 완벽하다고요. 이미지 망치기 싫어요."

자기의 고질적인 거절 공포를 그대로 드러내는 월의 말을 듣자 숀은 그의 말을 곧바로 반박하며 월에게 자기 문제를 직면하게 한다.

"반대로 완벽한 네 이미지를 망치기 싫어서겠지. 정말 대단한 인생 철학이야. 평생 그런 식으로 살면 아무도 진실하게 사귈 수 없어."

숀의 말에 공감한 월은 대학 기숙사로 스카일라를 찾아가 그녀와 다시 데이트하기 시작한다. 비록 '거절에 대한 공포'는 극복하지 못했으나, 마음에 드는 여성과 한두 번 접촉하고는 먼저 연락을 끊어버리는 잘못된 대인관계 패턴에서 드디어 벗어나기 시작한 것이다.

∷ "나는 너를 버리지 않아."

스카일라는 명문 하버드대 학생일 뿐만 아니라 돌아가신 아버지로부터 유산까지 물려받은 부유한 여성이다. 반면 천재라고는 하나 월은 고아이고 전과자였으며, 청소부 일을 그만두고는 친구인 척키와 함께 막노동을 하고 있었다. 월은 그런 자신이 스카일라에게 자격 미달이므로 언젠가 그녀한테 버림받게 될 거라는 두려움을 지울 수가 없었다. 그는 그녀가 자기에게 실망할까 봐, 또 자기를 싫어하게 될까 봐 형제가 12명이나 있다는 빤한 거짓말을 하면서 좀처럼 속마음을 드러내지 않는다.

그러던 어느 날, 캘리포니아 의대에 진학하게 된 스카일라는 윌에게 자기와 함께 캘리포니아로 가자고 말한다. 윌이 그 제안을 거절하자 그녀는 그동안 윌을 지켜보면서 가져왔던 불만을 표출한다.

"뭐가 그렇게 두려워? 뭐가 두렵냐구? …… 두려워하지 않는 게 있기나 해? 아무것도 도전하지 않는 안전한 세계에 살면서 자신이 변하게 될까 봐 아무것도 못하잖아!"

안 그래도 이미 숀에게서 자기가 사람과 세상을 두려워하는 겁쟁이라는 지적을 받고 있던 터에 스카일라한테서 똑같은 말을 듣게 되자 윌은 폭발한다. 극도로 흥분한 그는 거칠게 화를 내면서 그동안 감춰왔던 속마음을 드러낸다.

"내 세계가 어떤지 뭘 안다고 그래? 어차피 난 너에게 천한 출신의 장난감일 뿐일 텐데. 결국에는 부모가 좋아하는 부자 놈과 결혼해서 친구들에게 재미 삼아 내 애길 할 거야."

윌이 잔인한 말을 내뱉으며 자기를 공격하자 스카일라는 "두려워하는 건 자기면서 괜히 내게 퍼붓지 마!"라고 쏘아붙인다. 그러자 윌은 "두려워해? 대체 내가 뭘 두려워한다는 거야?"라고 고함을 치는데, 이에 대한 스카일라의 대답은 윌의 고질병을 정확히 표현해 주고 있다.

"날 두려워하잖아. 사랑해주지 않을까 봐!"

타인한테 사랑을 받으면서 자라난 사람은 타인이 사랑해주지 않을까 봐 그다지 두려워하지 않는다. 물론 타인의 사랑을 잃어버리는 걸 좋아하는 사람은 없겠지만, 그것을 지나치게 두려워하거나 그 두려움 때문에 타인과 거리를 두려고 하지는 않는다는 뜻이다. 이와 달리 타인으로부터 사랑을 받아보지 못한 사람, 혹은 타인에게 반복적으로 버림받은 경험이 있는 사람은 타인의 사랑을 잃을까 봐 두려워하는 것은 물론이요 타인을 사랑하기조차 두려워한다. 왜냐하면 사랑하는 누군가에게 버림받는 두려움을 도저히 감당하거나 이겨낼 수가 없기 때문이다. 이 영화의 주인공인 윌이 바로 이 경우에 해당된다. 그는 언젠가는 스카일라에게 버림을 받을 것이라는 두려움을 이겨낼 수 없었기에 그녀의 사랑을 받아들일 수도 없고, 그녀를 사랑할 수도 없었다.

극도로 흥분해 있는 윌에게 스카일라는 마지막으로 이렇게 호소한다.

"널 사랑해. 날 사랑하지 않는다면 그렇다고 말해줘. 그러면 다시는 전화도 안 하고 영원히 사라져줄게."

이 말을 하고 나서 스카일라가 두 손으로 윌의 얼굴을 감싸쥐며 키스하려 하자 그는 그녀의 양손을 붙잡아 내리면서 "널 사랑하지 않아"라고 마음에 없는 말을 하고 만다. 아마도 윌은 스카일라에게 이렇게까지 했으니 그녀가 자기를 미워하게 되었으리라 짐작했을 것이다. 그러면서 어차피 언젠가는 버림을 받게 될 텐데, 차라리 잘되었다고 자위했을 것이다.

이 무렵 그는 숀과도 상담 과정에서 갈등을 겪고 있었다. 애인 일 때문에 그랬는지는 몰라도 윌이 계속 무성의한 태도를 보이자 숀은 그에게 치료실에서 나가라고 말한다. 예전 같았으면 윌은 숀에게 불같이 화를 내며 당장 치료실을 뛰쳐나갔겠지만, 그는 몹시 당혹스러운 표정을 지으며 방에서 나가려 하지 않는다. 숀만큼은 자기를 버리지 않을 거라고 굳게 믿고 있었기에 방에서 나가라는 숀의 말이 그마저도 자기를 버리는 것처럼 느껴져서였을 것이다. 한동안 방에서 나가지 않으려 하던 그는 숀이 거듭 나가라고 하자 그에게 욕을 하며 방에서 나가버린다.

비록 자기가 자초한 것이기는 하지만 윌은 스카일라와 숀 모두에게서 또 버림받았다고 생각하고 크게 낙담한다. 그는 캘리포니아로 떠나가려는 스카일라에게 전화를 걸지만 그녀에게 하는 말이란 여전히 허세와 자기과시에 찬 말뿐이다. 그는 자기가 앞으로는 잘나가게 될 거라는 뉘앙스를 풍기기 위해 이렇게 말한다.

"요즘 면접을 자주 보고 있거든. 그래서 건설 노무자는 면할 것 같아."

월이 장차 돈을 많이 벌거나 출세를 할 사람이어서 사랑한 게 아니었던 스카일라는 "직업은 아무 상관없어"라고 말함으로써 자기의 입장을 다시 한 번 확인시켜준다. 풀 죽은 목소리로 "알아"라고 대답한 월은 더 이상은 말을 잇지 못한다. 바로 그때, 스카일라가 자기 안의 모든 힘을 다 짜내어 월에게 "사랑해"라고 말한다. 전화기로 그 말을 듣는 순간 월의 얼굴에서는 환한 웃음이 피어오른다.

그 통화를 끝으로 스카일라는 캘리포니아로 떠나갔지만, 그의 마음에는 커다란 변화가 생기기 시작한다. 물론 그 변화는 자기가 그렇게까지 못되게 굴고 상처를 주었는데도 자기를 버리기는커녕, 용기를 내 "사랑해"라고 말해준 스카일라로부터 비롯된 것이었다. 난생 처음으로 소중한 누군가에게 버림받지 않는 경험을 하게 된 월은 강가의 벤치에 앉아 상념에 빠져든다.

:: 네 잘못이 아니야

마음의 병은 약을 먹거나 수술을 통해 나을 수 있는 몸의 병과는 달리 당사자의 노력 없이는 치유될 수가 없다. 대개 마음의 병은 일반적으로 어린 시절부터 시작되어 오랜 기간 쌓이고 굳어져 온 것인 만큼 그것을 치유하는 데에는 상당한 시간이 걸리며, 그 과정에서 숱한 우여곡절과 심리적 고통을 겪기 마련이다.

월의 경우 역시 마찬가지였다. 그는 숀에게 치료를 받으면서 서서히 좋아졌지만 막상 자기의 내면에 똬리를 틀고 있던 거대한 두려움을 마주 보게 되자 다시 원점으로 돌아가려 한다. 그는 현실에 대한 도전을 포기하고는 유일한 친구인 척키와 함께 평생 막노동을 하면서 살겠다고 결심한다. 그런 그에게 커다란 도움을 준 것은 역시 죽마고우인 척키였다. 척키는 자포자기하려는 월에게 이렇게 충고한다.

"넌 내 친구니까, 이런 말 한다고 오해하지 마. 20년 후에도 여기 살면서 노무자로 우리 집에 와서 비디오나 때리고 있으면 널 죽여버릴 거야. …… 50살이 되어서도 난 육체노동을 하고 있을 거야. 그건 아무래도 좋아. 하지만 넌 지금 당첨된 복권을 깔고 앉았으면서도 너무 겁이 많아 돈으로 못 바꾸는 꼴이라고. 병신 같은 짓이지."

실의에 빠져있던 월은 서서히 용기를 회복하기 시작한다. 그러나 좋은 직장과 기회들을 마다하면서 어리석게 굴고 있는 천재 월을 이해하지 못했던 램보 교수는 숀에게 월을 왜 더 다그치지 않냐고 따진다. 그러자 숀은 램보에게 월의 마음을 이해해줘야 한다며 이렇게 말한다.

"왜 현실을 회피하고 왜 아무도 못 믿을까? 그건 사랑하는 사람들에게 버림받았기 때문이야. …… 사람들이 자기를 떠나기 전에 먼저 떠나게 하고 있어. 바로 방어기제라고……, 알아? 그 때문에 20년이나 외롭게 산 애야. 지금 그 애를 몰아치면 또 그 악순환이 반복돼. 그렇게 되도록 보고만 있을 순 없네."

그때 문밖에서 두 사람의 논쟁을 듣고 있던 윌이 상기된 얼굴로 치료실의 문을 열고 들어온다. 숀은 법정에다 제출할 윌에 대한 보고서를 가리키며 다 엉터리라고 하고는 이렇게 말한다.

"네 잘못이 아니야."

윌이 "알아요"라고 대답하지만 숀은 계속 "네 잘못이 아니야"라는 말을 되풀이한다. 숀이 윌의 눈을 똑바로 바라다보면서 그 말을 반복하자, 윌의 눈에는 눈물이 촉촉하게 고이기 시작하더니 이내 볼을 타고 흘러내리기 시작한다. 그럼에도 숀이 "네 잘못이 아니야"라는 말을 계속하자 윌은 화를 내면서 숀을 밀쳐내다가 갑자기 숀을 뜨겁게 포옹한다. 그리고 이렇게 말한다. "젠장, 정말 죄송해요." 그는 이때까지 겪었던 모든 고통을 토해내기라도 하려는 듯 마침내 울음을 터트린다.

윌이 그동안 자신의 천재성을 썩히면서 세상을 적대시했던 것, 사람들에게 다가가지 못했던 것, 누군가가 손을 잡아주려 하면 도망쳤던 것은 기본적으로 그의 탓만은 아니었다. 그보다는 그를 학대하다가 버렸던 양부모들, 그를 따뜻하게 수용해주고 사랑해주지 않았던 세상 탓이었다. 숀은 윌에게 그 사실을 단지 머리가 아니라 심장 깊숙이 확인시켜주었다. 그리고 이제 더 이상은 고통스럽게 살지 말라고, 상처를 딛고 일어나 세상을 향해 씩씩하게 걸어나가라고 그의 등을 두드려주었다.

물론 영화 〈굿 윌 헌팅〉에 나오는 치료과정만으로 윌의 고질병이 완전히 치유되었다고 장담할 수는 없을지 모른다. 하지만 이제 윌에게 세상은 분명히 과거와는 다르게 보일 것이고, 그는 과거와는 다른 방식으로 세상을 살아가게 될 것이다. 윌은 최소한 자기의 삶을 수렁 속으로 밀어넣고 있던 두려움의 정체를 알게 되었고, 그것에서 기본적으로 해방되었기 때문이다.

거절 공포(Fear of Rejection)

'거절에 대한 공포'란 타인이나 세상으로부터 거절당하는 것을 과도하게 두려워하는 심리를 말한다. 일반적으로 어린 시절에 중요한 사람들에게서 버림받은 경험을 가지고 있는 경우 거절에 대한 공포가 나타난다.

거절에 대한 공포가 심하면 대인관계에 자신감을 가질 수가 없어서 타인들에게 먼저 다가가지 못한다. 따라서 연애관계를 포함한 대인관계에서 수동적인 태도를 강하게 드러낸다.

또한 거절에 대한 공포가 심하면 사랑하는 누군가에게 버림을 받을지도 모른다는 두려움으로 상대방이 조금이라도 자기를 미워하거나 공격하는 것 같으면 자기가 먼저 상대방을 미워하거나 공격하기도 한다. 거절당하는 게 너무나 두려워 자기가 먼저 상대방을 거절해버리는 것이다.

거절에 대한 공포는 대인관계와 사회성, 나아가 인생에 커다란 악영향을 미치므로 전문적인 치료를 받을 필요가 있다.

 자존감

'해피엔드'는 혼자서 만들 수 없다

해피엔드(1999)

:: 한국 남자의 슬픈 자화상

대부분의 평범한 한국 남자들, 특히 결혼한 가장들은 경제활동과 그
것을 통해 가족을 부양하는 것에서 자기의 존재 가치를 찾고 확인하
게 된다. 그러다 보니 상당수의 한국 남자들은 직업이나 사회적 성
공에 과도하게 매달리는 반면 자기만의 독특한 관심 분야나 특기,
취미 등을 거의 갖지 못하는 획일적이고 무미건조한 삶을 사는 경우
가 많다.

　이렇게 직업이나 사회적 성공에 올인하고 있는 한국의 남자들에
게 실업자가 되는 것, 즉 경제력을 상실하는 것은 마치 '모든 것을
다 잃는 것'과 같은 심각한 위기로 다가올 수밖에 없다. 그것은 '너
는 이 세상에 존재할 가치가 없다'라는 낙인을 가슴속에 새겨넣으며

가장의 책임을 다할 수 없게 한다. 그리하여 남편, 아버지로서의 권위까지 상실하게 만든다.

한마디로 평범한 한국의 남자들에게 경제력의 상실은 단순한 경제적 문제가 아닌, 하늘이 무너지는 것과 같은 대재앙이나 마찬가지다. 수많은 한국의 가장들을 길거리로 내몰았던 IMF 경제위기 때, 경제력을 상실한 가장들이 가족들의 얼굴을 볼 면목이 없어 하릴없이 길거리를 배회하다가 저녁이 되어서야 집으로 들어가곤 했던 것도 이런 이유에서였다.

전직 은행원이었으나 실업자가 된 남자, 영화 〈해피엔드〉의 주인공 서민기는 경제력을 상실한 한국 가장의 슬픈 자화상이다. 그는 한동안 직장을 구하러 다니기도 했으나, 취직이 여의치 않자 이력서조차 쓰지 않게 될 정도로 점점 의기소침해지고 무기력해져간다. 또 낮에는 헌책방이나 공원 벤치에 앉아서 책을 읽고, 저녁에는 집에서 TV를 보며 시간을 보낸다. 불행 중 다행인 것은 서민기의 아내인 최보라가 잘나가는 영어학원 원장이어서 생활비 걱정을 하지 않아도 된다는 사실이다. 그는 집안의 생계를 책임지고 있는 아내를 위해 요리와 빨래를 하고, 승용차를 청소하고, 재활용품을 정리하는 등 집안일을 하기도 한다.

비록 남편이 실업자가 되기는 했지만 먹고사는 데 별 문제가 없었으므로, 서민기 부부는 서로 사랑하고 격려하면서 행복하게 살 수도 있었다. 말하자면 서민기는 이왕 직장을 잃은 참에 쉬면서 에너지를 재충전해 재기를 도모할 수 있었고, 최보라는 그런 남편을 따뜻하게 대해주며 용기를 북돋아 줄 수도 있었다는 것이다. 하지만 현실과 이상은 다른 걸까? 영화 속 두 사람의 관계는 날이 갈수록 악화되기만 했다. TV 드라마에 푹 빠진 남편과 일하는 데 방해되니 소리를 줄이라고 핀잔을 주는 아내의 대화는 이를 잘 보여주고 있다.

"여보, 지금 뭐 하는 거야. 연속극이 그렇게 재밌어? 당신이 무슨 아줌마야? 내가 전화 올 데 있다고 그랬잖아. 그리고 애가 울면 좀 안아 주든지."

"엄마가 좀 봐주면 되잖아."

"일하잖아, 지금."

"누가 집에까지 일을 가지고 들어오래?"

이처럼 서민기와 최보라의 관계가 어긋나기 시작하자 서민기는 아내와의 행복했던 연애시절(혹은 신혼 초)을 부쩍 그리워하게 되었던 것 같다. 그는 거의 매일같이 찾아가서 시간을 보내던 헌책방 주인에게 이런 말을 하기도 한다.

"그 있잖아요. 애절하고 가슴이 찢어질 정도로 고통스러워하는 그런 진짜 연애소설이 재미나죠."

서민기가 굳이 애절하고 처절한 연애소설을 찾아내어 탐독했던 것은 삐거덕거리는 아내와의 관계에서는 채울 수 없는 만족감을 환상의 세계에서라도 추구하기 위해서였을지 모른다. 그리고 비록 지금은 우여곡절을 겪고 있지만 언젠가는 아내와의 관계가 회복되기를 간절히 바라는 마음도 담겨 있었을지도 모르겠다. 하지만 이러한 그의 바람은 실현될 수 없는 헛된 꿈일 뿐이었다.

:: 존재 가치를 상실하다

5개월 된 딸을 두고 있는 최보라는 과거의 애인이었던 웹 디자이너 김일범과 외도를 즐기고 있다. 그녀가 외도를 하게 된 까닭이 영화에서는 정확하게 드러나고 있지 않으나, 아마도 날이 갈수록 무기력해져만 가는 남편에 대한 불만도 어느 정도 작용했을 것 같다.

앞에서 지적했듯이 대부분의 한국 남자들은 경제력을 상실하면 자아존중감이 크게 손상되는 경향이 있다. 다시 말해 그들은 경제력을 잃으면 스스로를 세상에 아무런 쓸모도 없는 무가치한 존재처럼 느끼게 되는 것이다. 그것은 그들을 무기력감, 자괴감, 열등감, 수치감에 사로잡히게 한다. 그런데 왜 경제력을 상실한 한국의 가장들은 단순히 생활고만 겪는 것이 아니라 이런 심리적 고통까지 겪게 되는 것일까? 돈을 기준으로 사람의 가치를 평가하는 한국사회에 그 1차적인 책임이 있는 것은 아닐까?

사회적 존재 가치, 즉 자존감을 상실해 고통스러워하는 이런 가장들에게 가족, 특히 아내의 변함없는 지지와 격려는 큰 도움이 된다.

참담한 실패를 겪었으면서도 좌절하거나 포기하지 않고 끈질긴 도전과 노력으로 재기에 성공하는 가장들에게는 대부분 가족, 특히 아내의 변함없는 사랑과 격려가 있다. 통속적으로 말해 남편이 '쪽박'을 차게 되더라도 그를 구박하기는커녕 남편에 대한 사랑과 신뢰를 철회하지 않고 항상 "나는 당신을 믿어", "당신은 할 수 있어"라고 말해주는 아내야말로 일등공신이라는 것이다.

하지만 안타깝게도 최보라는 남편에게 그런 도움을 주지 않았다. 그녀는 남편의 고통스러운 마음을 이해하고 배려해주기보다는 남편을 무시하는 태도를 보일 뿐이었다.

어느 날 최보라는 "당신, 이제 이력서도 안 쓰지?"라는 말로 운을 떼며 남편을 질책하기 시작한다. 감정이 상한 서민기가 입을 꾹 다물고 있을 때 마침 가스레인지 위에서는 주전자에 물이 끓어 넘치고 있었다. 그러자 그녀는 "주전자에 물 끓잖아"라고 말하고, 그 말을 듣는 순간 서민기의 얼굴은 험악하게 일그러진다. 그가 화가 난 목소리로 "뭐?" 하고 되물었으나, 최보라는 개의치 않고 "내가 밖에서 돈 벌어오고 당신이 정말로 집안 살림을 할 거라면 저거 불 끄는 거, 당신 일이야"라고 말한다. 그녀가 계속해서 "그러니까 다시 일을 시작해야 될 거 아냐. 왜 이렇게 패잔병처럼 못나게 굴어"라고 훈계를 하자 서민기는 끓어오르는 화를 꾹 누르면서 이렇게 말한다.

"최보라, 넌 니가 돈 번다고 너무 유세 떤다."

경제적으로 무능력해졌다는 이유만으로 최보라가 남편을 무시하고 타박하게 된 것인지, 아니면 처음에는 잘 대해주었지만 남편이 계속 못나게 굴어 그런 식으로 변하게 된 것인지는 분명하지 않다. 분명한 것은 직장을 잃은 서민기의 입장에서는 잘나가는 아내가 남편을 무시하는 듯한 말과 행동을 하면 "돈으로 유세 떠는" 행위로 받아들일 수밖에 없고, 그것이 두 사람의 관계를 악화시킬 수밖에 없다는 사실이다. 또한 그녀의 불륜 역시 타이밍이 아주 나빴다고 볼 수 있다. 서민기로서는 아내의 불륜을 자신이 경제력이 있었을 때와는 전혀 다른 마음으로 받아들이고 해석할 수밖에 없기 때문이다.

비록 남편 몰래 바람을 피우고는 있었지만, 최보라는 가정을 깨면서까지 그런 생활을 계속할 생각이 없었다. 자기의 삶에 활력과 쾌감을 주는 누군가가 필요했던 그녀였지만, 김일범과의 불륜 행각은 남편과 아기를 배신했다는 죄책감을 유발하여 커다란 고통을 주었기 때문이다. 이는 애인과 짜릿한 시간을 보낸 그녀가 집에 돌아오자 목욕탕에 들어가 물을 틀어놓고는 펑펑 우는 장면에서도 엿볼 수 있다. 그녀는 마침내 김일범과의 관계를 정리하기로 결심한다.

한편 아내의 불륜 사실을 알게 된 서민기는 엄청난 충격을 받지만 그 일을 입 밖에 일절 꺼내지 않는다. 서민기가 아내에 대한 미련이나 기대를 완전히 접었음은 그렇게도 열심히 탐독하던 연애소설을 더는 읽지 않게 된 데서 뚜렷이 드러나고 있다. 그럼에도 불구하고 그는 아내에게 화를 내기는커녕 변변한 비판이나 항의의 말조차 꺼내지 못하고 이혼할 생각도 하지 않는다.

어쩌면 그가 당당하게 사회생활을 하고 있을 때 그런 일이 벌어졌다면, 그는 아내에게 김일범과의 관계를 정리하라고 압박하거나 이혼을 요구했을지도 모른다. 하지만 경제력을 상실한 가장 서민기로서는 아내의 불륜 사실을 섣불리 입 밖에 꺼낼 수가 없다. 그랬다가는 아내로부터 이혼하자는 통보를 받고 혼자 길거리에 나앉게 될 위험이 있었을 테니까. 이렇게 아내의 불륜 사실을 알게 되었으면서도 그것을 모른 체해야만 하는 비참한 처지에 놓인 서민기는 아내의 말에 대답도 잘 하지 않고 심지어 아내의 얼굴을 쳐다보지도 못하는 무기력한 모습을 보이게 된다.

아마도 그는 '배신자'를 응징하기는커녕 '배신자'의 눈치를 보면서 살아가야만 하는 자기의 궁색한 처지가 죽고 싶을 정도로 싫고, 스스로가 너무나 한심스러웠을 것이다. 이렇게 자기 자신을 혐오하는 극단적인 심리상태는 자기 합리화와 같은 방어기제의 도움 없이는 견뎌내기가 어렵다. 서민기도 역시 이혼은 둘째 치고 아내에게 아무 말조차 하지 못하는 이유를 비루한 자기 몰골이 아니라 아기와 가정의 평화를 위한 희생정신에서 찾으려 한다. 영화에서는 그가 한밤중에 혼자 일어나 아기의 얼굴을 물끄러미 들여다보는 장면이 나오는데, 어쩌면 서민기는 이때 아기의 얼굴을 보면서 '내가 이렇게 참고 있는 것은 아기와 가정을 위해서이다'라고 애써 자기 합리화를 하고 있었는지도 모르겠다.

:: 진정한 자존감

어느 날 저녁, 마음을 정리한 최보라는 남편에게 더 이상 외도를 하지 않겠다는 암시가 담긴 말을 건넨다.

"요새 내가 좀 예민했지? 좀 복잡한 일들이 있었어. 이젠 해결했어."

이에 서민기는 여전히 아내의 얼굴을 쳐다보지 않은 채, 자기가 모든 걸 참고 견딜 테니 제발 아기에게만은 충실해달라는 식의 부탁을 한다.

"난 우리 연이한테 당신이 좋은 엄마였으면 좋겠어."

서민기는 아내가 더 이상 자신을 좋아하지 않고 무시하게 된 것, 나아가 바람까지 피우게 된 원인이 자기의 경제력 상실에 있다고 믿었다. 이러한 그의 생각은 이제부터는 가정에 충실하겠다는 아내의 말을 듣고 "대출 받아서 장사나 한번 해볼까?"라고 말하며 어떻게든 경제활동을 재개하겠다는 의향을 비친 데서 잘 드러난다.

그러나 길을 잃고 방황하던 아내가 가정으로 돌아오고, 큰 상처를 입었으나 이를 계기로 남편이 경제활동을 재개하여 마침내 가정이 행복해졌다는 '해피엔드'는 안타깝게도 없었다. 왜냐하면 '해피엔드'란 혼자만의 노력으로 가능한 것이 아니라 관계로 이어져 있는 사람들이 함께 노력해야만 가능한 것이기 때문이다.

김일범은 이제 자기와의 관계를 끊으려는 최보라에게 무섭게 집착하기 시작한다. 그에게는 최보라가 "어떻게 나보다 내 사진을 더 많이 갖고 있어?"라고 물을 정도로 상대방에게 과도하게 집착하는 면이 있었다. 최보라와 애인 사이였을 때도 그녀가 준 반지를 한 번도 뺀 적이 없으며 그녀가 보낸 편지를 모두 보관할 정도로 애착이 강했다. 그런 김일범이었으니 그와 바람을 피우기는 쉬워도 그와의 관계를 정리하기는 여간 어렵지 않았을 것이다.

게다가 연애라는 것은 한 사람이 하는 게 아니라 두 사람이 하는 것이다. 그렇기 때문에 상호합의가 부족한 상태에서 한쪽이 일방적으로 관계를 정리하는 행위는 상대방을 분노하게 만들기 마련이다. 이성을 잃은 김일범은 최보라가 자기의 전화를 받지 않자 그녀의 집 앞에까지 찾아가 막무가내로 만나달라고 요구한다. 최보라는 집에 까지 찾아온 김일범을 달래기 위해 눈물을 흘리며 분유에 수면제를 타 아기에게 먹이고는 집을 나선다. 하지만 딱 30분만 김일범을 만나고 들어오겠다던 그녀의 다짐은 술에 무너져버리고, 서민기는 빈 집에서 개미가 기어다니는 젖병과 함께 홀로 남겨져 있는 아픈 아기를 발견하고 만다. 다행히 아기는 병원에서 열에 의한 경기로 진단을 받아 간단한 치료를 받고 퇴원했지만, 서민기는 엄마를 찾으면서 우는 아기를 어쩔 줄 몰라 하며 지켜보아야만 했다.

병원에서 아기를 데리고 집으로 돌아오던 서민기는 결국 자기 집 문 앞에서 아내가 애인과 포옹하고 있는 장면을 목격한다. 그는 아내와 작별인사를 한 김일범이 자기가 있는 쪽으로 걸어오자 그를 피해서 아기를 안은 채 뒷걸음질쳐 한 층 더 위로 올라간다. 잠시 뒤 서민기는 '지금쯤이면 김일범이 엘리베이터를 타고 내려갔겠지'라고 생각하며 아래층으로 내려가 집의 현관문을 조금 열었다. 그러나 그자리에 얼어붙은 것처럼 서 있던 그는 집으로 들어가지 못한 채 뒷걸음질을 치기 시작한다. 집 안에는 엘리베이터를 타려다 말고 되돌아온 김일범이 아내와 함께 있었기 때문이다.

서민기는 마침내 폭발한다. 자기를 무시했던 아내의 태도나 자기를 배신한 아내의 외도도 모두 아기를 위해서, 가정을 지키기 위해서 꾹 참고 감내하려 했던 그였다. 하지만 아내는 아기를 내팽개쳐 둔 채 애인과 밀회를 즐겼고, 자기가 그토록 지키려고 애썼던 가정에까지 애인을 끌어들였다! 이제 서민기는 아기와 가정을 지키기 위해서 특단의 방법을 사용하기로 마음먹는다. 그리고 치밀한 계획을 세워 아내를 살해하고는 김일범을 범인으로 조작하는 데 성공한다.

만약 서민기가 마음이 건강한 인물이었다면 어떻게 되었을까? 아마 실직 이후에도 자기의 마음을 잘 다스려 아내와의 관계를 좀 더 슬기롭게 풀어나가고, 그 결과 진짜 해피엔드를 맞이할 수도 있었을 것이다. 하지만 그는 상당수의 한국 중년 남성들이 그러하듯이 일하는 능력에 비해 감정적 소통과 대인관계 능력은 턱없이 부족했다. 또한 일과 경제력을 통해서만 가장으로서의 존재가치를 추구하는 잘못된 가치관, 인생관을 갖고 있었다.

서민기가 부부 사이의 갈등과 위기를 건강한 방식으로 해결하지도 못하고, 그렇다고 해서 용감하게 이혼을 선택하지도 못한 것은 이러한 이유 때문이었다. 반사회적이고 병적인 방법이 아니고서는 잃어버린 가장의 자리, 나아가 자존감을 되찾을 길이 없다고 생각한 그는 결국 살인을 통해 아기와 가정을 수호하는 가장으로서의 책임과 의무를 완수한다. 이를 통해 가장으로서의 권위를 회복하려 한 것이다.

자존감의 상실은 사회인으로서의 사망선고나 마찬가지이므로 그것을 감내하기란 결코 쉬운 일이 아니다. 하지만 서민기와 같은 병적인 방식으로는 절대로 자존감을 되찾을 수 없다. 진정한 자존감이란 무엇보다도 스스로를 돈을 버는 존재로만 국한시키는 삶, 밥그릇을 지키기 위해서만 살아가는 사람답지 못한 인생길에서 벗어날 때 비로소 획득할 수 있는 것이기 때문이다.

영화 〈해피엔드〉는 어깨를 축 늘어뜨린 채 힘없이 고개를 숙이고 있는 서민기의 쓸쓸한 뒷모습을 비추면서 끝난다. 이 장면은 힘겨운 생존경쟁에 자기의 모든 인생을 헌납하느라 자기 감정조차 돌아보지 못한 채 관계와 행복에서 점점 멀어져만 가는 한국 남자들, 이 부박한 세상을 살아가는 수많은 한국 가장들의 외로움과 비애를 상징하는 것만 같다.

 ## 자존감 (自尊感, Self-Esteem)

자존감이란 자신의 사회적 가치에 대한 자각에 기초해 형성되는 것으로, 스스로를 존중하는 마음이다. 자존감이 있는 사람은 자기가 사회에 반드시 필요한 가치 있는 존재이며, 사회에 무엇인가 기여할 수 있다고 느낀다. 반대로 자존감이 없는 사람은 자기가 사회에 필요하지 않은 쓸모없는 사람이며, 사회에 아무것도 기여할 수 없다고 느낀다.

높은 자존감을 가지려면 무엇보다 건전하고 건강한 인격부터 갖춰야 하며, 사회적 자질과 능력의 수준도 높아야 한다. 자존감을 형성하는 데는 어릴 때 부모로부터 받은 지지와 격려, 스스로가 내린 자기에 대한 평가, 사회적 평가 등이 중요한 영향을 미친다.

 소망

소망은 아름답다
아바타(Avatar, 2009)

:: 판타지의 세계

꿈에서는 무엇이든 할 수 있고 무엇이든 이루어질 수 있지만, 현실은 그렇지 않다. 그래서 사람들은 황홀한 꿈에서 깨어나고 나면, 그 멋진 꿈을 다시 한 번 꾸기를 원하기도 한다. 하지만 꿈은 원한다고 해서 마음대로 만들어낼 수가 없다. 이를 어떻게 하면 좋을까?

　꿈을 재현하기 위해 어떤 이는 자기가 꿈에서 본 장면을 그림으로 옮겨놓기도 하고, 또 다른 이는 꿈의 내용을 글로 기록하기도 한다. 그런데 그 어떤 수단보다 뛰어나고 확실하게 꿈을 재현해낼 수 있는 것은 아무래도 영화인 듯하다. 특히 SF/판타지 영화 말이다. 놀라운 그래픽 기술을 자랑하는 오늘날의 첨단 기술은 그야말로 어떤 꿈이든지 화면에 담을 수 있는 길을 열어주었다. 몇 년 전에 세계인들을 열광시킨 영화 〈아바타〉는 그것을 분명하게 보여주고 있다.

〈아바타〉가 개봉된 다음, 미국 CNN 인터넷판은 〈아바타〉를 본 일부 관객들이 우울증과 자살 충동을 호소하고 있다고 보도한 적이 있다. 그리고 그 이유에 대해 "관객들이 영화 속 외계 행성 판도라에 강하게 매혹됐기 때문이다"라고 분석했다. 실제로 그들이 판도라에 매혹된 것, 나아가 〈아바타〉에 매혹된 것은 이 영화가 관객들의 소망을 강하게 대변하고 충족시켜주고 있어서였다. 바로 그 때문에 일부 관객들은 영화관에서 나와 소망이 실현되지 않는 냉혹한 현실로 다시 돌아오게 되자 우울해졌던 것이다.

이렇게 SF/판타지 영화가 자기 본연의 임무를 완수하여 관객들의 소망을 충족시켜준다면, 관객들은 그 영화에 깊이 매료될 수밖에 없다. 반면에 그것이 관객들의 소망을 좌절시킨다면, 그들은 아마도 마음이 불편해지거나 심할 경우 화를 내게 될 것이다. 가령 정의가 불의를 이기고 악인이 착한 사람을 이기는 줄거리를 가진 영화를 한번 상상해보라. 우울하지 않은가.

:: 재탄생의 소망

영화 〈아바타〉는 사람들의 어떤 소망을 충족시켜주는 것일까?

〈아바타〉의 주인공 제이크는 심각한 사고로 하반신을 쓸 수 없게 된 전직 해병이다. 그는 불구가 된 스스로를 '쓸모없는 해병'이라고 욕하면서도, 다시 한 번 걷고 뛰었으면 하는 강력한 소망을 품고 있었다.(수술을 하면 다리를 고칠 수 있었으나 그는 가난했다.) 제이크가 재활병원에 있을 때 '하늘을 나는 꿈'을 반복적으로 꾸었던 것은 바로 이런 소망을 품고 있기 때문이었다. 그러던 중 그는 판도라에 가서 아바타를 갖게 됨으로써 자기의 간절한 소망을 실현할 수 있게 된다. 제이크가 링크머신에 들어가 아바타와 연결하는 작업을 하면 그의 의식과 아바타의 육체는 하나가 되는 것이었다. 쉽게 말하자면 그의 영혼이 새로운 육체인 아바타 속으로 들어간다고 할까? 처음으로 아바타에 들어간 날, 제이크는 발가락을 움직여보며 이렇게 말한다.

"어, 발가락이 움직이네요. 이거 굉장한데요."

평소에는 휠체어를 타고 다닐 수밖에 없었던 제이크는 이제 키가 3미터나 되고, 신체적 능력이 사람보다 훨씬 뛰어난 나비족의 몸을 가지고 마음껏 뛰어다닐 수 있게 된다. 그는 아직 준비가 덜 되었다는 의료진의 만류를 뿌리치고 밖으로 뛰쳐나가서 힘껏 달리다가 멈춰서서, 발로 부드러운 흙의 감촉을 느껴보며 행복해한다. 그리고 다시 제이크로 돌아오면 쓸쓸한 표정으로 불구인 자기 다리부터 쳐다본다.

아마도 제이크의 불우한 처지에 공감하는 사람들이라면, 그가 아바타의 몸에 들어가 전력질주를 하는 장면에서 짜릿한 쾌감을 느끼지 않을 수 없으리라. 그들은 제이크를 보며 자기만의 소망, 자기만의 아바타를 떠올리면서 행복해했을 것이다.

통상적으로 현실 속에서 소망을 충족시킬 수 없는 이들은 게임 속의 캐릭터, 혹은 유명한 연예인과 자기를 동일시하며 그들을 통해 대리만족을 추구하기도 한다. 하지만 그것은 본질적으로 자기의 소망을 온전히 충족시켜줄 수 없다. 그렇기 때문에 그들은 현실에서는 여전히 불행하고 오직 상상의 세계에서만 행복해질 수 있다. 그들은 그렇게 점차 현실에서 도피하게 된다.

반면에 아바타는 가상현실 속에서만 존재할 수 있는 게임의 캐릭터와는 차원이 다르다. 그것은 현실에서 살아가며 활동하는 실제 생명체이며, 그야말로 재탄생에 대한 꿈을 완벽하게 현실화하는 상징이다. 그러니 제이크가 날이 갈수록 실제의 자기를 싫어하게 되고 아바타를 좋아하게 되는 것은 당연한 일이 아니겠는가? 불구의 몸을 버리고 아바타가 되고 싶다는 그의 간절한 소망은 얼마 지나지 않아 자기 정체성까지 혼란스럽게 만든다.

"저 바깥이 진짜 세상 같고 여기는 꿈속 같다. …… 이젠 내가 누군지도 모르겠다."

그리하여 영화의 마지막 장면에서 제이크는 인간의 몸을 포기하고 신령한 나무의 힘을 빌려 나비족으로 다시 태어난다. 링크머신 따위가 필요 없는 존재로 완벽하게 재탄생하고 싶은 소망이 드디어 실현된 것이다. 이렇게 영화 〈아바타〉는 '불만족스러운 나'를 버리고 '새로운 나'로 재탄생하고 싶은 소망을 완벽하게 실현해준다. 제이크와 자기를 동일시하는 관객들이 영화를 보면서 재탄생의 기쁨을 누리게 되는 이유가 여기에 있다.

:: 착한 사람들, 이겨라!

영화 〈아바타〉에 등장하는 나비족이 비록 고양이 얼굴을 하고는 있지만 실제로는 북아메리카 인디언(원주민)이라는 것은 누구라도 알 수 있을 것이다. 그들은 인디언 특유의 함성을 지르고 인디언 식의 복장을 하고 있으며, 인디언의 문화와 풍습을 그대로 가지고 있기 때문이다. 이렇게 제임스 캐머런 감독은 나비족이 인디언을 모델로 하고 있음을 노골적으로 드러내고 있다.

한때 미국인들만이 아니라 우리 한국인들, 정확히 말하면 나 역시도 인디언을 죽어 마땅한 괴물처럼 바라보던 시절이 있었다. 그래서 나도 역시 서부극의 영웅인 존 웨인이 등장하는 영화 속에서 백인들이 인디언들을 마구 쏴죽일 때마다 박수를 치면서 환호를 지르기도 했다. 이와 마찬가지로 〈아바타〉 속의 악역들은 나비족을 죽어 마땅한 괴물처럼 취급한다. 그들은 나비족을 '맹수', '미개인', '푸른 원숭이'와 같은 경멸적인 호칭으로 부르면서, 사람들로부터 그들에 대한 두려움과 적개심을 노골적으로 불러일으킨다.

"저 담장 너머에서 우글거리는 맹수들은 진흙탕 속에 숨어 있다가 너희를 덮치고 눈알을 뽑아 씹어 먹을 것이다."

과거 미국의 백인들은 자기들이 인디언에게 한 짓은 조금도 생각하지 않고, 오직 인디언이 백인들을 공격한 사실만을 부각하며 그들을 야만인이라고 몰아붙였다. 하지만 이제는 세계인들, 그리고 대다수의 미국 백인들도 과거에 인디언이 왜 그들을 공격했는지를 잘 알고 있다. 백인들이 인디언의 땅을 빼앗기 위해 그들을 무차별하게 탄압하고 죽였다는 것을 말이다. 백인들에 대한 인디언의 공격은 이렇게 생존을 위한 정당방위였으나 백인들은 적반하장격으로 인디언을 혐오하면서 그들을 대량 학살했다. 그리고 소수의 생존자들은 인디언 보호구역에다 가두어버렸다. 제이크의 다음과 같은 물음은 이러한 미국 백인들의 범죄행위를 정면으로 비판하고 있다.

"자기가 갖고 싶은 데서 누가 살고 있으면 적으로 간주하고 거주지를 뺏는 게 옳아요?"

영화의 후반부, 자본가들의 이익을 대변하는 기업주와 그들에게 고용된 군대는 나비족을 거주지에서 몰아내기 위해 공격을 개시한다. 이에 나비족은 창과 화살을 들고 그들에게 맞선다. 나비족을 사랑하게 되어 스스로 그들의 일원이 된 제이크 역시 나비족의 지도자가 되어 항전을 이끌지만 역부족이다. 나비족들이 비행선과 헬리콥

터를 향해 죽을 힘을 다해 화살을 쏘아대지만, 커피를 홀짝이면서 공격 장면을 지켜보고 있던 군대의 지휘관에게는 그것이 그저 농담이나 장난으로 보일 뿐이다.

나비족 전사들이 거대한 비행선과 헬리콥터를 향해 화살을 쏘아대다가 처참하게 죽는 장면은 구한말의 동학혁명 당시 신식 총으로 무장한 일본군을 향해 죽창을 들고 돌격하다 떼죽음을 당했던 우리 농민군들의 모습과 오버랩된다. 그것은 또한 영화 〈미션〉에서 남미의 원주민들이 원시적인 무기로 스페인의 침략자들에게 맞서다 참혹하게 학살당하는 모습을 연상시키기도 한다. 이런 장면, 즉 침략자들이 최신식 무기를 앞세워 인디언이나 약소국 원주민을 깔아뭉개는 모습은 사람들의 가슴을 한없이 답답하고 아프게 만든다. 하지만 현실에서는 절대로 일어난 적이 없었던 일, 절대로 일어날 수 없는 반전이 SF/판타지 영화에서는 얼마든지 가능하다.

침략자들의 만행에 분노한 나비족의 신은 판도라 행성에 살고 있는 모든 동물에게 지구인들을 물리치라고 명령한다. 그리하여 거대한 자연의 힘이 침략자, 학살자들을 쓰나미처럼 덮쳐버린다. 그 결과 나비족은 승리를 거머쥐게 된다. 힘이 모든 것을 지배하는 현실 속 사람들에게 이렇게 정의가 이기고 약자들이 승리하는 소망을 충족시키는 결말은 엄청난 카타르시스를 안겨준다. 이러니 대다수의 사람들이 〈아바타〉에 열광할 수밖에 없으리라.

나비족을 사랑한 과학자 그레이스는 "동화 같은 건 안 믿어"라고 말하기도 한다. 하지만 〈아바타〉는 적어도 영화 속에서나마 아름다운 동화가 현실이 되게 함으로써 사람들의 소망을 충족시켜주었다. 이것이 바로 도저히 거부할 수 없는 〈아바타〉의 놀라운 매력이 아닐까?

건강하고 행복한 삶이 가능하려면 아름다운 소망은 환상이나 꿈에서가 아니라 반드시 현실 속에서 실현하려고 노력해야 한다. 그러기 위해서는 무엇보다 우리 마음속 깊은 곳에 아름다운 소망들이 살아있음을 자각해야 하고, 그것을 포기하지 말아야 한다. 나아가 그소망을 다수의 사람들과 공유해야 한다. 모두가 똑같은 꿈을 꾸면그 꿈은 현실이 된다고 하지 않던가. 부디 〈아바타〉와 같은 아름다운 꿈이 현실에서도 실현되는 날이 오기를 바란다.

소망(所望, Hope)

사람이 꿈을 꾸는 이유 중 하나는 그것이 소망을 충족시켜주기 때문이다. 소망이란 인간의 여러 활동과 생활에서 생기는 것으로, 자신이 바라는 것에 대한 지향성을 말한다. 이는 주관적인 희망, 소망, 충동의 형태를 지닌다. 예를 들어 가난에 시달리는 사람은 부자가 되고 싶다는 소망을 갖게 되고, 사랑하는 사람과 헤어진 사람은 사랑하는 이를 다시 만나고 싶다는 소망을 갖게 되는 것처럼 말이다.

소망은 사람의 활동을 유발하고 그것을 이끄는 원동력으로 작용한다. 다시 말하면 사람은 기본적으로 현실에서 자기의 소망을 충족시키기 위해 활동하며, 그것이 현실에서 충족되지 못하면 비현실의 세계를 통해서라도 충족시키려 한다는 것이다.

그러므로 상상이나 환상, 문학예술, 영화 등 사람이 만드는 대부분의 창조물에는 그 사람의 소망이 담긴 경우가 많다. 프로이트가 꿈을 '하나의 소망 충족'으로 보았던 것 역시 이와 관련이 있다. 물론 그가 말했던 것처럼 모든 꿈이 소망 충족의 내용을 담고 있지는 않으나, 꿈의 가장 중요한 기능 중 하나가 소망 충족이라는 것만큼은 분명한 사실이다.

 전이

나를 사랑해주는
단 한 사람의 위력

완득이(2011)

∷ 완벽하게 불쌍한 아이

집이 찢어지게 가난해서 학교로부터 정기적으로 수급품을 타 먹어야 하고, 아버지는 난쟁이에다 꼽추이며, 젖먹이 시절 자기를 버리고 떠나간 어머니는 필리핀 사람이었다면……. 누가 보더라도 참으로 불우한 환경이라 하지 않을 수 없을 것이다. 이 영화의 주인공 완득이도 한때 갈등을 빚었던 담임선생님인 동주에게 스스로를 조롱하는 모습을 자주 보였다.

"선생님, 제가 재미있으시죠? 어떻게 저렇게 완벽하게 불쌍한 새끼가 있을 수 있을까……."

완득이처럼 비참한 환경에서 자라난 아이, '완벽하게 불쌍한 아이'는 장차 어떻게 될까? 사회적 통념에 비추어보면, 아마도 불량청소년이나 범죄자가 되기 십상일 것이다. 얼핏 보면 완득이 역시 그런 정해진 수순을 밟는 듯한 모습을 보여준다. 그는 공부와는 담을 쌓은 채 야간 자율학습 시간을 빼먹기 일쑤였고, 타인들에게 거친 폭력성을 드러내기도 했으며, 죽은 줄 알았던 어머니가 필리핀 사람임을 알게 되자 가출까지 하려고 했으니 말이다.

그러나 조금만 더 깊이 들여다보면 완득이는 원천적으로 비뚤어질 수 없는 아이임을 알 수 있다. 내가 자신 있게 이런 주장을 할 수 있는 것은 무엇보다 어른들을 대하는 그의 일관성 있는 태도 때문이다.

영화에는 이런 장면이 나온다. 시장에서 장사하던 아버지를 깡패들이 폭행하는 것을 우연히 보게 된 완득이는 한달음에 달려가 그 깡패들을 마구 패준다. 그날 저녁 아버지는 아들의 뺨을 때리면서 "내가 주먹질하지 말라 그랬지"라고 말하며 아들을 꾸짖는다. 사실 완득이가 주먹질을 한 것은 아버지를 괴롭히는 깡패들을 응징하기 위한 행동이었으므로 아버지의 꾸지람이 꽤나 억울할 수 있다. 하지만 그는 아버지에게 반항하거나 대들지 않으면서 이렇게 대답한다.

"잘못했어요."

완득이가 학교를 그만두고 일을 하겠다고 말하자 아버지가 주먹으로 아들의 얼굴을 때리면서 화를 내는 장면도 그렇다. 이때도 완득이는 여전히 아버지에게 대들지 않는다.

다음날 그는 자율학습을 빼먹었다는 이유로 급우들이 보는 앞에서 엎드려 뻗쳐를 한 채 담임선생님에게 맞지만 이때도 역시 반항적인 태도를 드러내지 않는다. 대부분의 불량 청소년은 완득이와는 달리 어른, 나아가 사회에 반항적이고 적대적인 태도로 대하는 모습을 보이는 편이다. 이에 반해 어른들을 대하는 완득이의 태도는 이렇게 기본적으로 공손하고 우호적이다. 그에게는 불량 청소년이 될 중요한 자질(?)이 없는 셈이다.

:: 감정 전이의 위력

완득이가 아버지를 비롯한 어른들에게 공손하고 우호적인 태도를 보이는 것은 무슨 이유에서였을까? 가장 큰 이유는 아버지에게 있다고 할 수 있다. 완득이의 아버지는 비록 캬바레에서 춤을 추던 키 작은 꼽추에 불과했지만 아들을 진심으로 사랑하고 세상을 바르게 살아가는 훌륭한 아버지였다.

어느 날, 킥 복싱을 하고 싶다고 조르는 완득이와 논쟁하다가 아들한테서 심한 말까지 듣게 된 아버지는 속이 상해 이웃집 옥탑방에 살고 있던 동주 선생과 가겟집 앞에서 술을 마신다. 그 자리에서 그는 아들에 대한 미안함을 이렇게 토로한다.

"저도 제 몸이 정말 싫었습니다. 이게 저한테서 끝나는 문제가 아니라 멀쩡한 제 아들한테까지 피해가 가더란 말입니다."

완득이 아버지의 이런 미안한 마음과 괴로운 마음은 사실 대다수의 아버지들이 공통적으로 느끼는 심리라고 할 수 있다. 우리가 사는 사회는 아버지의 장애, 아버지의 가난이 단지 아버지 대에서 끝나지 않고 죄 없는 자식들에게까지 피해를 주곤 하기 때문이다. 완득이 아버지는 자기의 장애와 가난이 아들에게 상처를 주어 아들을 잘못된 길로 들어서게 만들까 봐 노심초사하고 있었다. 그의 말을 들은 동주 선생은 이렇게 완득이의 아버지를 위로해준다.

"이, 소위 문제아라고 얘기하는 아이들 집에 가보면요. 몸이 아니라 정신이 문제가 있는 부모들이 대부분입니다. 아니, 이런 아버지가 계시는데요. 저, 완득이가 절대로 엇나갈 거라고 생각하지 않습니다."

동주 선생의 말은 단순한 위로가 아니라 타당한 이야기다. 일시적으로 방황하면서 나쁜 짓을 하는 아이들 중에는 때가 되면 그런 삶을 자진청산하고 바른 삶으로 나아가는 이들이 분명히 있는데, 그런 아이들 뒤에는 반드시 올바른 정신으로 살아가는 부모가 있다. 완득이의 아버지는 비록 장애를 가지고 있었지만 도덕적이며, 성실하고 용감하게 세상을 살아가고 있었다. 완득이가 궁극적으로는 엇나갈 수 없는 이유, 착한 아이가 될 수밖에 없었던 이유가 바

로 여기에 있다.

　게다가 완득이의 아버지는 아들을 진심으로 사랑하고 지지해주는 아버지였다. 아버지에게 심한 말을 했던 게 마음에 걸렸던 완득이가 백방으로 아버지를 찾아나서고, 술에 거나하게 취한 아버지를 집으로 모시고 가는 장면만 봐도 그렇다. 완득이의 아버지는 술에 취하자 평소의 무뚝뚝함을 벗어던지고는 온화하고 다정한 태도로 아들을 대한다. 그는 아들의 등에 업힌 채 다음과 같은 말을 되뇐다.

　"멋있다, 우리 아들, 완득이. 우리 아들, 멋있다. 멋있다……."

이 장면은 이들의 관계가 어떠한지를 단적으로 보여준다. 한마디로 완득이는 아버지와의 관계가 매우 좋은 아들이었다. 그와 아버지의 관계가 건강했다는 것은 완득이가 화내지도 주눅 들지도 않으면서, 아버지나 어른들에게 항상 자기가 할 말을 당당하게 하는 것에서도 확인할 수 있다.

아버지와의 좋은 관계는 단지 그것에 국한되지 않고 다른 어른들과의 관계에도 두루 영향을 미치기 마련이다. 아버지에 대해 좋은 감정을 품은 자식은 어른들, 특히 남자 어른들에 대해서도 좋은 감정을 느끼는 경향이 있다. 바로 '감정 전이' 때문이다. 감정 전이란 예를 들어 설명하자면 아버지에 대한 감정이 다른 남자 어른들에게 무의식적으로 옮겨가는 것을 말한다.

과거에 경찰관에게 큰 도움을 받아 그에게 감사하는 마음을 갖게 된 사람이라면, 길을 가다가 제복을 입은 다른 경찰관을 만나도 미소를 지어보이거나 일부러 다가가서 수고한다는 인사를 건네는 등 우호적인 태도를 보일 것이다. 그것은 과거 특정한 경찰관한테 가졌던 좋은 감정이 다른 경찰들에게 옮겨가거나 되살아났기 때문이다.

어떤 이들은 감정 전이가 단지 치료 상황에서만 나타나는 것일 뿐 보편적인 현상이 아니라고 말하기도 하는데, 그것은 잘못이다. '공포증' 같은 심리장애는 감정 전이가 보편적이라는 것을 보여주는 하나의 증거이다. 예를 들어 어떤 개한테 물린 뒤 개 공포증을 갖게 된 사람의 경우, 그가 자기를 문 개에 대한 감정을 다른 개들한테로 전이하지 않는다면 공포를 느낄 수가 없다. 또한 공포증까지는 아니더라도 과거에 특정한 개에 대해서 나쁜 감정을 가졌던 사람이라면, 길을 가다가 개를 보면 화들짝 놀라 피할 수 있다.

이런 맥락에서 볼 때 완득이가 단지 아버지뿐 아니라 동주 선생, 킥 복싱 체육관 관장 등에게 일관성 있게 우호적이고 공손한 태도를 보인 것, 그들의 충고를 사심 없이 받아들이는 모습을 보인 것은 아버지에 대한 좋은 감정 덕이라고 말할 수 있다.

∷ 존경할 수 있는 스승

완득이가 이렇게 훌륭한 아버지를 두었지만 상황이 상황인 만큼 그에게도 어두운 그림자가 드리워질 여지는 충분했다. 비정한 세상은 완득이의 영혼을 감싸 안아주기보다는 생활보호 대상자와 혼혈아라는 이유로 그에게 상처를 주고 이를 끊임없이 되새김질하도록 만들었기 때문이다. 이런 완득이가 세상이 마구 할퀴어댄 마음의 상처를 치유하고 씩씩하게 세상을 살아나가기 위해서는 아버지 외에도 다른 훌륭한 어른들의 도움이 절실히 필요했다.

세계관과 인생관이 본격적으로 형성되기 시작하는 시기, 감수성이 가장 예민한 시기의 청소년들이 하루 중 가장 많은 시간을 보내는 곳은 바로 학교이다. 청소년들은 학교라는 작은 사회를 통해 현실 사회를 간접적으로 경험하게 된다. 그러므로 청소년 시기에 학교에서 만나는 선생님은 사회, 나아가 세계의 척도가 되는 존재이며

실로 인생에 거대한 영향을 미치는 존재라 할 것이다.

그렇다면 고등학교 2학년인 완득이의 담임 동주 선생은 어떤 스승이었을까? 요즘 세태를 기준으로 보자면 그는 영락없는 불량 선생이다. 그는 어느 날 소주를 사 들고 완득이네 집에 찾아가 술을 한 잔 마시게 하고는 제자가 얼굴을 잔뜩 찡그리자, 놀란 표정을 지으면서 "너 술 못 마시냐?"라고 묻는 그런 선생이니 말이다. 동주 선생의 말을 들은 완득이는 어이가 없다는 듯이 대꾸한다.

"선생님이 고 2 제자한테 하실 말씀은 아닌 것 같은데요."

동주 선생은 이처럼 모범적인 선생님의 이미지와는 거리가 멀었다. 그는 일탈행동을 서슴지 않았고 입만 열면 막말을 늘어놓았으며, 학생들이 자율학습을 하건 말건 신경 쓰지도 않았고 공부하라고 닦달하지도 않았다. 하지만 그는 제자들을 성적이나 돈으로 평가하지 않을 뿐 아니라, 제자들을 진심으로 사랑하고 존중할 줄 아는 참다운 스승이었다.

특이한 것은 그가 완득이를 진심으로 아끼면서도 사생활을 존중하지 않는 듯한 모습을 보이고 있다는 점이다. 그는 가정형편이 어려운 학생들을 위한 수급품이 나오자 반 친구들 앞에서 "도완득, 네가 가져가!"라고 크게 외친다. 게다가 동주 선생은 완득이의 아버지가 시장을 돌아다니면서 마사지용 채칼을 파는 장사를 하고 있다는 사실까지도 공개한다. 제자의 집이 아주 가난하다는 사실, 그리고 그 제자 부모의 직업까지 친구들에게 공개하는 것은 상식적인 견지에서 볼 때 선생님이 해서는 안 되는 행동이라 할 수 있다. 동주 선생은 왜 그런 행동을 한 것일까?

실제로 완득이처럼 열악한 조건 속에서 살고 있는 사람이 가질 수 있는 가장 큰 심리적 문제는 자신을 부끄럽게 여기고 혐오하는 것이다. 일단 스스로를 부끄럽게 여기기 시작하면 자기를 수용할 수도, 사랑할 수도 없게 된다. 결과적으로 마음이 비뚤어지고 자기학대나 자기 파괴적인 행동을 하게 될 위험이 커진다. 완득이도 바로 그러한 심리적 어려움을 겪고 있었다. 그 역시도 꼽추인 아버지, 필리핀 사람인 어머니를 둔 자기의 가정환경을 부끄러워했는데, 그것은 누군가가 아버지를 흉보거나 놀리면 심하게 폭발했던 데서 잘 드러난다.

이렇게 본다면 동주 선생의 행동은 완득이가 부끄러워할 수 있는 것들을 일부러 자꾸 언급함으로써 그것을 정면으로 맞서게 하려는 것이었다고 할 수 있다. 심리치료사가 내면의 상처를 내담자에게 적절하게 직면시키는 것처럼 말이다. 그는 그러한 과감한 도발이 완득이를 폭발시키거나 엇나가게 하는 게 아니라 결국에는 제자리로 돌아오게 만들 것이라는 암묵적 확신을 가지고 있었던 것이다.

결국 완득이도 동주 선생이 그런 행동을 하는 이유가 자기를 괴롭히려는 것이 아닌 사랑과 관심 때문이라는 것을 서서히 깨닫게 된다. 이렇게 마음이 꼬이지 않은 건강한 어른인 아버지, 동주 선생, 체육관 관장의 사랑을 듬뿍 받게 되자, 한때 가출까지 하려 했던 완득이는 이제 빠르게 마음의 힘을 회복하기 시작한다.

:: 세상과의 화해

어느 날 저녁, 한 필리핀 여성이 집 문밖에서 완득이를 기다리고 있다. 완득이가 마음속으로는 어머니를 절대로 용서하지 않겠다고 천만 번 다짐했을지 몰라도, 애초부터 그는 어머니를 냉정하게 쫓아낼 만한 위인이 못 되었다. 그는 어머니가 "잘 지냈어요? 잘 키워줘서 고마워요"라는 인사를 건네고는 이내 풀 죽은 목소리로 "나는 그냥 한 번만 보고⋯⋯"라며 끝말을 흐리면서 돌아서자, 그녀를 집안으로 들어오게 해 라면을 끓여 대접한다. 어머니는 서투른 글씨체로 다음과 같은 편지를 써서 남기고는 돌아간다.

"미안해요. 잊고 살지 않았어요. 많이 보고 싶었어요. 나는 나쁜 사람이에요. 정말 미안해요. 함께 있어주지 못해서. 미안해요."

제대로 된 용서와 화해를 할 수 있으려면 최소한 두 가지 조건이 있어야 한다. 그 하나는 죄를 지은 당사자의 진심 어린 반성과 사죄, 다른 하나는 그것을 받아들이는 피해자의 너그러운 마음이다. 이런 점에서 사정이 어떠했든 17년 동안 아들과 함께 있어주지 못한 것에 대한 진심어린 사과가 담긴 어머니의 편지는 그녀가 용서를 받기 위한 한 가지 조건을 충족시켜준 셈이다.

그렇다면 나머지 하나는? 완득이는 비록 어머니 없이 자랐으나 아버지의 아낌없는 사랑을 받으며 자라났다. 만일 어머니가 없었던 삶이 그저 괴롭고 고통스럽기만 했다면 그는 어머니를 쉽게 받아들이지 못했을 것이다. 하지만 완득이는 기본적으로 마음이 건강한 청소년이었다.

심리적 건강에서 가장 중요한 것은 '그 사람의 평소 감정상태가 어떠한가'이다. 마음이 건강하다는 것은 그 사람이 주로 긍정적인 감정을 느낀다는 것이며, 마음이 건강하지 않다는 것은 그 사람이 대체로 부정적인 감정을 느낀다는 의미로 해석할 수 있다. 평소 마음이 유쾌함, 낙천성, 행복감으로 채워진 사람과 우울감, 초조감, 불행감으로 가득한 사람이 어떻게 다른지를 한번 떠올려보면 알 수 있을 것이다.

완득이는 얼굴표정만 보더라도 평소 감정상태가 좋고 심리적으로 건강하다고 평가할 수 있다. 완득이는 기본적으로 표정이 밝고 명랑하다. 특히 아버지와 민구 삼촌을 바라볼 때는 매우 행복한 미소를 짓곤 한다.(이런 표정은 나중에 동주 선생이나 체육관 관장 같은 어른들을 바라볼 때에도 그대로 나타난다.) 언제 터질지 모르는 '똥차'를 타고 먼 시골장으로 떠나는 아버지를 배웅하는 완득이의 표정만 봐도 그렇다. 완득이가 어머니를 그렇게 빨리 용서하고 화해할 수 있었던 것도 그의 마음에 어머니를 받아들일 수 있는 넉넉한 공간이 있어서가 아니었을까?

완득이는 자기가 어머니와 화해한 데서 멈추지 않고 아버지까지 어머니와 화해시키려고 노력한다. 그런 시도에 대해서는 동주 선생조차 "그것이 잘하는 일인지 모르겠다"라며 회의적인 반응을 보였으나, 낙천적인 완득이는 기어이 어머니를 모시고 아버지가 장사하고 있던 시골장으로 향한다. 비록 그날 아버지와 어머니는 말다툼만 하고 헤어졌지만, 두 사람이 어떻게 아들 완득이의 갸륵한 마음을 모를 수 있을까? 그들은 다시 합치기로 한다.

아버지를 만나고 나서 서울로 돌아오기 위해 버스 터미널로 가던 완득이는 어머니를 신발가게로 데리고 들어간다. 어머니의 낡은 신발이 자꾸 눈에 밟혔던 터라 그동안 아르바이트를 해서 모은 돈으로 어머니에게 새 구두를 사드리기 위해서였다. 젊은 청년이 나이가 지긋한 필리핀 여성에게 신발을 사주는 모습이 이상해 보인 걸까? 이를 지켜보던 신발가게 주인은 궁금증을 이기지 못해 연거푸 '둘이 무슨 사이인지'를 묻는다. 그러자 완득이는 이렇게 대답한다.

"어머니에요, 어머니."

완득이가 필리핀 어머니를 부끄러워하지 않고 세상 사람들 앞에 당당히 내세웠듯이, 완득이의 어머니 역시 꼽추인 남편을 부끄러워하지 않는다. 그녀는 일하던 식당으로 찾아온 남편을 보면서 식당 주인이 "야, 요즘에도 꼽추가 있네"라고 말하자 보란듯이 남편에게 고기를 갖다준다. 식당 주인이 "누구야, 아는 사람이야?"라고 묻자 완득이 어머니는 아들 완득이가 그랬듯이 이렇게 대답한다.

"내 남편이에요."

이제 완득이는 외국인 어머니를, 완득이 어머니는 꼽추 남편을 부끄러워하지 않고 전적으로 수용하고 사랑하게 되었다. 그럼으로써 자기 자신에 대해서도 온전히 수용하고 사랑하는 사람이 될 수 있었다. 완득이는 더 이상 아무것도 부끄러워하지 않게 되었다. 그는 아버지가 꼽추라는 사실, 어머니가 필리핀 사람이라는 사실, 자기 집이 찢어지게 가난하다는 사실에 더 이상 위축되지 않을 정도로 마음이 부쩍 성장한 것이다. 그것이야말로 동주 선생이 완득이에게서 바라던 것이기도 했다.

완득이는 행복하다. 예전 같으면 어림도 없었겠지만, 그는 이제 킥 복싱 스파링을 하다가 상대방에게 두드려 맞아 다운을 당해도 체육관 관장과 마주보며 즐겁게 웃을 줄 안다. 완득이네 가족들 역시 행복하다. 완득이의 아버지와 어머니는 비좁은 옥탑방에 잔칫상을 차려놓고 동주 선생과 이웃들을 초대하여 덩실덩실 막춤을 추며 논다. 그들의 표정은 너무나도 즐겁고 행복해 보인다. 아무리 가난해도 사람다운 사람들, 착한 사람들과 함께할 수 있으면 행복할 수 있다는 걸 온 세상에 보여주기라도 하듯이……

가혹한 현실의 무게, 그리고 좀처럼 벗어나기 힘든 가난에도 착하고 바르게 살고 있는 어른들의 보살핌이 있으면 완득이 같은 행복한 아이는 얼마든지 탄생할 수 있다. 이는 심리학 측면에서 보아도 분명한 진실이다. 행복과 불행은 물질이나 돈이 아니라 기본적으로 사람들 사이의 관계에 의해서 좌우되는 것이니 말이다.

전이(轉移, Transference)

전이란 어린 시절 중요한 사람들에 대해서 갖게 된 감정이 현재 관계를 맺고 있는 다른 사람들에게로 옮겨가 재현되는 것을 말한다. 전이를 폭넓게 규정하자면 동기나 사고 등의 전이까지 포함시켜야 하지만, 일반적으로 말하는 전이란 '감정 전이'를 의미한다고 보아도 무방할 것이다. 왜냐하면 전이 중에서도 가장 중요하고 보편적인 것이 바로 '감정 전이'이기 때문이다.

프로이트는 정신분석 과정에서 환자들이 어린 시절의 중요 대상에 대한 감정을 정신분석가에게로 옮기는 것을 '전이', 정신분석가가 자기의 감정을 환자에게로 옮기는 것을 '역전이'로 규정한 바 있다. 정신분석 상황에서의 전이는 특별한 명확성과 강도를 가지고 나타나는 경향이 있다. 그것은 정신분석이 진행되는 과정이 전이의 활성화를 촉진하며, 정신분석가의 익명성과 불확실성이 환자로 하여금 어린 시절의 중요한 대상에 대한 심리를 그에게 쉽사리 옮겨놓을 수 있게 해주기 때문이다.

그는 전이가 단지 정신분석적 치료과정에서뿐만 아니라 사회적 관계 전반에서 보편적으로 나타나는 심리현상이라고 강조하기도 했다. 이 때문에 어린 시절의 어머니와 아버지에 대한 감정이 성인이 된 후 여성과 남성에 대한 감정에 각각 영향을 미치게 되는 것이다. 예를 들어 어린 시절에 어머니에게 품었던 불신이 결혼한 아내에게로 이동함으로써 아내를 부당하게 의심하는 의처증에 시달리는 것이 그렇다.

감정의 안쪽

초판 1쇄 발행 2012년 7월 17일

지은이 김태형
펴낸이 박선경

편집 • 이승민
마케팅 • 박언경
표지 디자인 • 오성희
본문 디자인 • 김남정
일러스트 • 이진경
제작 • 펙토리

펴낸곳 • 도서출판 갈매나무
출판등록 • 2006년 7월 27일 제395-2006-000092호
주소 • 경기도 고양시 덕양구 화정동 965번지 한화오벨리스크 1501호
전화 • 031)967-5596
팩시밀리 • 031)967-5597

ⓒ 김태형, 2012
isbn 978-89-93635-30-0/03180
값 14,000원